もう勝てない相手はいない

2014.8 GS
全米オープン Result 準優勝

ツアー優勝の記録

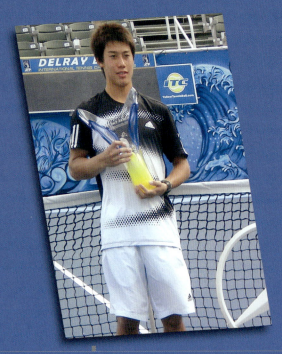

2008.2
デルレイビーチ国際

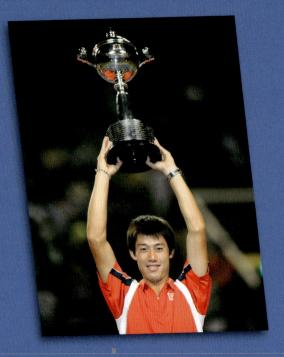

2012.10
ジャパンオープン

2014.4
バルセロナオープン

2014.10
マレーシアオープン

2013.2
全米室内選手権

2014.2
全米室内選手権

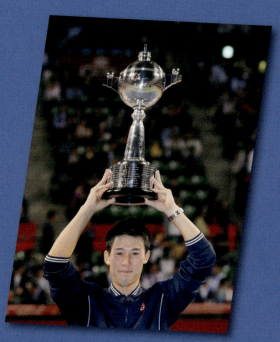

2014.10
ジャパンオープン

2015.2
全米室内選手権

2015.1 GS
全豪オープン

はじめに

錦織圭は100年に一人の選手だと思います。100年経ったとき、錦織圭という偉大なプレーヤーがいたのだ、とわかるものを残しておきたいと、この本を作りました。今、世界を相手に戦っている錦織圭にとっては興味ないものだと思います。
「これおじいちゃん？ こんなに凄かったの？」将来、錦織圭の孫がたまたまこの本を手に取った時にこんな事を言ってもらえたらと思っています。これを見れば錦織圭とテニスの時代背景が分かるものにできたらと思いながら制作しました。そしてフォト・ジャーナリストの自分ができるのは写真（事実）を中心とした本だと思いました。錦織家に協力して頂き、圭君の子供のころからの写真、もちろん私が撮った写真も使いましたが、いろいろな人達の協力で作っています。テニスジャーナル創刊からお世話になった佐藤ひろしさん、FAX新聞TennisJapanインターネットの伊藤功巳さん、鯉沼宣之さんの写真もたくさん使わせてもらいました。いつか一緒にグランドスラム大会決勝で日本人がカップを持った写真を撮りたいねと語った、今は亡き、松ちゃん、アベちゃんの写真も使わせてもらいました。世界中のテニスカメラマン、トーナメントディレクターや関係者の皆様にもお世話になりました。

この本を制作したら、今度は錦織圭、松岡修造それに石川遼などを通して盛んになったプロスポーツの世界を覗き、気軽に読める本が書けたらと思っています。そして、これからは今まで経験してきたテニス、ゴルフ、スキーなど、いろいろなスポーツやメディアなどを通して違う分野の橋渡し的な事もできたらと思っています。

最後に、この本の実現にご協力して頂いた錦織圭選手のご両親、清志さん、恵理さん、IMGの坂井秀行さん、きっかけを与えてくれたSMILEの下倉安麿さん、いろいろと多かった注文をその都度受け入れてくれた廣済堂出版の野田恵子さん、写真を何度も入れ替えお手を煩わしてしまったデザイナーの杉田光明さん、この本ができたのは奇跡です。皆さんに感謝です。

2015年3月　塚越亘

新たな記録が
つくられる

錦織 圭
Kei Nishikori

さらなる高みへ

Contents

1	もう勝てない相手はいない	39	**05 プロ宣言。プロデビューはジャパンオープン** (2007) 17歳
4	はじめに		
8	**01 錦織圭、誕生** (1989-1999)	40	**06 ツアー初優勝は18歳、予選から** (2008) 18歳
14	**02 小学生時代の活躍** (1999-2001)	43	■ 100位切り99位に!
16	■ 全国制覇3冠達成!	45	■ 初めてのグランドスラム、ウィンブルドンは無念の途中棄権
18	■ 父・錦織清志氏のお話より	46	■ USオープンでグランドスラム初勝利
20	**03 修造チャレンジで世界への扉が開かれた** (2001-2003)	48	■ ジャパンオープンで3回戦進出
22	■ 修造チャレンジで錦織に続く選手育成	50	**07 怪我によるツアー離脱、試練のとき** (2009) 19歳
24	■ 盛田ファンドがジュニアの道を切り開く	52	**08 ATPランク外から再始動、カムバックへの道** (2010) 20歳
27	■ 13歳、アメリカへテニス留学	54	■ 復帰後初めてのグランドスラムで2回戦に進出
28	■ IMGアカデミーについて	56	■ ナダルの強さを肌で感じたウィンブルドン
30	**04 大きな成長を遂げたジュニア時代** (2003-2007)	58	**09「プロジェクト45」達成を目指せ** (2011) 21歳
32	■ ジュニア初優勝はダブルス	61	■ 日本での活躍は次回に持ち越しに
33	■ ATPランキング1000位を切った!	63	■ ランキング急上昇で「プロジェクト45」を超し、30位になった!
34	■ ジュニア卒業、ATPツアー初出場	64	■ 東日本大震災に世界のプレーヤー達が立ち上がった
		66	■ ドリームテニスでマイケル・チャンと出会う

ⓒJorge Reyes/Abierto Mexicano http://www.abiertomexicanodetenis.com/noticias/

錦織圭基本データ
- 1989年12月29日生まれ
- 出身：島根県松江市
- 現住所：アメリカ・フロリダ州ブラデントン
- 練習拠点：IMGアカデミー
- 身長178cm　体重74kg
- コーチ／ダンテ・ボッティーニ、マイケル・チャン
- 所属：日清食品
  錦織圭　最新写真など
  http://sports.nissin.com/nishikori/
- ATPツアー全成績／2015年4月6日現在、210勝110敗。8大会優勝。賞金獲得額 $8,764,631（約10億円）。

68	**10 勝利が何よりの自信になっていく** (2012) 22歳	102	■ 身長差30センチでも勝利。全米室内連覇
70	■ ツォンガに勝って全豪ベスト8に！	104	■ 錦織、またもフェデラーを破った
72	■ ナダルにサービスキープを14分もかけさせた	106	■ クレーで初優勝！ ツアー 5勝目だ！
76	■ ロンドン・オリンピック日本の男子は3人が出場！	108	■ マドリードでベスト4、トップ10入り9位になった
78	■ チリッチとの対戦はボブ・ブレットの愛のムチか？	114	■ 眠れないほどの重圧をはねのけ16強
80	■ ツアー 2勝目は楽天ジャパンオープン	116	■ No.1ジョコビッチ破り全米決勝へ！
84	**11 トップテンが見えてきた！** (2013) 23歳	122	■ マレーシア優勝で世界7位に
85	■ 全豪で前年に引き続きベスト16を達成	124	■ 「自分に勝った！」涙の2週連続優勝
86	■ ATPツアー 3勝目をメンフィスで達成	128	■ 大ピンチから逆転勝ちATPファイナル出場決める！
88	■ 子どもの頃から憧れていたフェデラーに勝って8強	130	■ 夢のATPツアーファイナル出場
90	■ 全仏で初めての4回戦進出。錦織圭対ナダルが実現	136	**13 新たなる挑戦2015** (2015) 25歳
94	■ ベスト8ではもう満足できない	138	■ プレッシャーの中、全豪はベスト8
96	**12 M・チャンのコーチング。 そして始まった快進撃** (2014) 24歳	142	■ 全米室内選手権3連覇。世界5位
98	■ 全豪4回戦でナダルと激闘、惜しくも敗れる	144	■ 決勝進出で4位に。勝つと3位の可能性もあった
100	■ 日本、世界8強。錦織圭単複3連勝！	146	オフショット集
		150	ATPツアーの仕組み

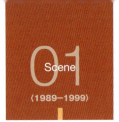

Scene 01 (1989–1999)

1989.12.29
錦織圭、生誕

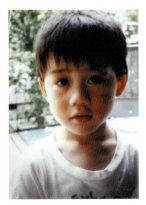

幼い頃からボール遊びが大好きだった。

海外の人たちにも呼びやすい名前をつけた

島根県松江市に1989年12月29日誕生（2930g）。
姉の玲奈さんとは4歳離れている。両親は、子どもたちに狭い世界にしばられることなく、大きな世界に羽ばたいてほしいという願いを込めて、外国人にも呼びやすい名前（レイナ・ケイ）をつけたという。

1歳前にアトピー性皮膚炎や小児喘息が出て、特に喘息は幼稚園まで発作が出ることがあった。また、2歳までほとんどしゃべらず心配したが、2歳の誕生日を境に急におしゃべりになり、ひとりでもしゃべっていた！

体を強くするために3歳でスイミングスクールに入り、水泳を始めた。さらに3歳からピアノ、4歳でサッカー、5歳からテニスを始める。ピアノ教室も通ったが姉弟ともに運動の方が好きだった。

※ Keiは英語読みでは「カイ」、最初の頃はカイと呼ばれていたが、今では世界中のテニスファンから「ケイ」と呼ばれるほどの人気選手だ。クルム伊達も英語読みではDate「デイト」。デビュー当時伊達は「キミコ　デイト」と呼ばれ、思わず苦笑していた。

Scene 01 〈1989−1999〉

地元のサッカーチーム「乃木フットボールチーム」でも活躍した。

父の指導の下、4歳上の姉玲奈さんとテニスを始めた。

ラケットを握ったのは5歳のとき

父がハワイ旅行のお土産に子ども用のテニスラケットを買って帰ったのがテニスとの出会い。

父清志氏としては、テニスは個人競技で、相手がいやがることをするスポーツなのでためらいはあったものの、二人の子どもの可能性を広げるためには何でもやらせてみたい、という考えのもと教え始めた。最初は、テニスコートではなく、父の実家の近くにある神社のゲートボール場で父が土日に教え始めた。父は大学の同好会でテニスの経験があり、短大でコーチをしたこともあった。遊びで始めたものの二人ともぐんぐん上達していった。ちなみにマレーは3歳で、ジョコビッチとナダルは4歳、フェデラーとラオニッチは8歳でラケットを握ったという。

6歳になった頃に、家の近くのグリーンテニススクールに姉弟で通うことになった。最初は年齢が低すぎて圭だけ断られたが、その後打って見てもらい入会できた。

小学校6年まで、週2日はサッカーをやり、小学校4年生の時から地元の少年サッカーチーム、乃木フットボールチームに入る。2001年小6の時、玉湯S.C「桜花杯」で優勝する。10番をつけチームのエースだった。

（今もサッカーが好きで、「ウッチー」ことワールドカップ日本代表チーム、内田篤人のファン。部屋にはアルゼンチン代表のメッシのサイン入りユニフォームが飾ってある。）

野球チームにも属したが月1程度だった。野球の守備は嫌いで、バッターボックスではボールを選ばず何でも打ってしまったという。

錦織圭の父清志氏が初心者の女の子にテニスを教えている場面に遭遇したことがある。

軟式テニスのように、コートにラケットを置き、そのラケットを上から握り締める握り方を教えていた。その握り方は、ウエスタン・グリップと呼ばれ、今の錦織圭のグリップの握り方そのものだ。しかしその握り方（グリップ）で初心者がボールを打つのは難しい。

その握り方だと面が下を向いてしまうので、ボールはネットを越えない。ネットを越すためには、ボールを飛ばしたい弾道に対してラケット面を正対あるいはやや上を向くようにして打つ必要がある。そうして初めてボールは飛んでネットを越える。

憧れのビヨン・ボルグ
のテニスを子どもたちに教えた

錦織圭の強さは変則グリグリグリップだ！

そのためには、肘を曲げ、脇を締めるような窮屈な恰好をしなくてはいけない。

力強いボールを打つには体全体を使い大きく回して打つ必要がある。軟式テニス（ソフトテニス）はその握り方でボールを打つ。

軟式テニスボールは空気を入れたゴム・ボールなので軽く、ラケットも軽量なので、そのグリップで下から上にボールをひっかけるような打ち方でスピンがかかり飛んでいく。

が、硬式テニスボールは硬く重い。その握り方でボールをコントロールできるようになるには難しく、時間がかかる。

私はスキー・コーチそしてテニス・コーチも職業としてやっていたので、初心者を教える事にはある程度の自負がある。私なら初心者には、ラケット面をちょっと上向きに保てるようにグリップを握らせる。そうすればラケット面は上を向いているので、羽子板で遊ぶようにボールはネットを越えやすい。ラリーも簡単に続くようになる。ラリーが続くようになれば簡単な試合形式のゲームもできるようになる。勝ち負けを争いつつ、テニスを早く、楽しめるようになる。しかし私の教え方をしていたら時代を変える錦織圭は生まれなかっただろう。清志氏は憧れのビヨン・ボルグのテニスを見て息子の圭にそのテニスを教えたのだ。

4歳上の姉、玲奈（れいな）さんは現在関西、神戸を中心にテニスを通じて社会貢献するNPO法人TASU-clubで、小さな子どもからお年寄りまで楽しめるテニスの魅力を伝えている。
TASU-club：
http://tasuclub.wix.com/tasuclub

1万回？の球出し
コートに入るボールが打てるように
毎日腕が痛くなるまで球出しをやった。

ボルグは毎日ガレージの壁を相手にボールを打っていたという。一流選手に地味な努力は当たり前だ。錦織には何の助言もしてくれない壁ではなく、父子のネット越しのラリーがあった。

前ページで説明したように、錦織のグリップは軟式テニスのように、普通の姿勢を取るとラケット面が下を向いてしまっている握り方だ。そのため初心者や力のない子供たちがそのグリップでボールが自由にコントロールできるようになるには時間がかかる。清志氏はビヨン・ボルグに憧れていたという。ボルグは1981年マッケンローに決勝で敗れるまで1976年からウィンブルドン5連覇を成し遂げた。

長い金髪にバンダナ、甘いマスクで1980年代のテニスブームを創ったレジェンドだ。

そういえば、錦織圭もコートカバーの速さと広さはボルグに似ている。錦織圭は「ウィンブルドンはフットワークが難しい。オーストラリアン・オープンやUSオープンなどのハードの方が得意」と言っているが、私は錦織圭にとって自分では不得意と思っているウィンブルドンでの優勝の可能性が高いのではないかと思っている。ボルグも錦織も両者共にストロークが強烈で安定しているが錦織はその上ストロークに角度が付けられ攻撃の幅と多彩さがある。

清志氏はその打ち方をマスターさせるために毎日、テニスコートを1面借り切り圭と姉の玲奈のためにボール出しをしたという。市営コートはコートが数面並んでいる。ボールは隣のコートに入っていったりしてしまう。隣のコートにボールがいかないように、一人にボール拾いをさせ、気を使いながら毎日ボール出しをしてあげたという。

その数は数千回におよんだ。ボルグも毎日ガレージの壁を相手にボールを打っていたという。こんな地味な努力があったからこそ、今の錦織圭は存在するのだろう。

「毎日1万回の球出し」、清志氏はこのタイトルを見て「1万回の球出しは無理ですよ」と言ってきた。しかしあえてこのタイトルを付けさせてもらった。清志氏は常識では考えられない不可能と思えるような発想で二人を育ててきた。この本は将来英訳も考えている。英語的発想だったらワン・ミリオン・タイム（1億回）の球出しをやったと書いても違和感はないだろう。それぐらい一生懸命に、腕が痛くなるまで、子供たちのために球出しをやったのだ。最初はネットにかかったり、フェンスまで飛んで行ってしまったりして、なかなかコートにボールは入らなかった。しっかり打てるようになるまでは数ヶ月が必要だった。元デ杯選手の金子英樹プロは子供のころ毎日、父が仕事から帰ると4000球の球出しをやってくれたという。そして球拾いの時間も惜しんでサーブ練習をしたそうだ。

それを考えれば、清志氏は1日1万回の球出しをやった日もあるのではないだろうか。

※金子英樹（1974年生れ、1995年全日本単優勝、元デ杯選手）
現在、シンガポール、タイをベースにジュニアのためのテニスキャンプを行っている。
http://www.tennis-navi.jp/blog/hidekikaneko/

Scene 02 (1999–2001)
小学生時代の活躍

親子でテニスへの気持ちが大きくなっていった

九州、四国、大阪のテニス大会にも参加しだしていたため、親子ともにテニスに対する気持ちは高まっていった。

姉の玲奈さんが初めて出た試合で負けてしまった後、父に泣きながら抱きついてきた。そのとき父清志氏は、中途半端にテニスをさせていてはいけない、徹底的にこの子達のためにテニスをさせようと思ったと言う。その後姉はメキメキと力をつけ、2年後（小6）には地域予選に勝ち、1997年全国小学生大会に出場した。そのとき小2だった圭は地域予選で負けてしまったために出られず姉の応援で全小に初めて行った。自分もそこで試合がしたかったようだ。

父清志氏は、二人のために親として何をすべきか？親としてできる全ての可能性、ベストの道を探り出した。

「第19回全国小学生テニス選手権大会」のプログラム

◆全国小学生テニス選手権大会（通称全小）
日本全国のテニス少学生たちが頂点を争う大会が灼熱の真夏の3日間8月直前の週に行われる。第一生命が特別協賛して1983年（昭和58年）に第一回大会が開催され、2015年には第33回が行われる。東京にある相娯園グラウンドの13面のクレーコートを使用。これまで、杉山愛、錦織圭、添田豪、奈良くるみなどが＜全小＞を通って国際舞台へと飛び出していった。

6年生のとき「全国小学生テニス選手権大会」で優勝

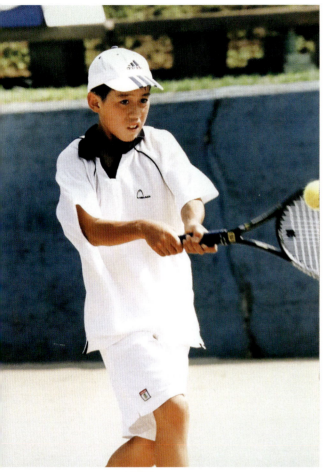

全国小学生テニスディレクター・倉光哲氏

小学生時代の主な成績とでき事

1999年7月 (9歳・小4)	全国小学生テニス選手権大会初出場 (1回戦)
2000年7月 (10歳・小5)	全国小学生テニス選手権大会(ベスト8) ※5年生の時、フロリダに1週間短期留学(チームスカンジナビア・杉澤氏主宰) ※日本プロテニス協会の新人発掘セレクションに2回落ちる
2001年5月 (11歳・小6)	全国選抜ジュニア選手権大会12歳以下優勝(吉田記念テニス研修センター、千葉)。このとき松岡修造に声をかけてもらう。
2001年7月 (11歳・小6)	全国小学生大会優勝。
2001年8月 (11歳・小6)	全日本ジュニアU12で 単複優勝。

資料提供:倉光哲　写真:松本昭夫

全国制覇3冠達成!

2001年5月、全国選抜ジュニア選手権で優勝。同年7月全国小学生大会、8月全日本ジュニア12歳以下で優勝し、全国制覇3冠を達成。

「夢は世界チャンピオン」

ぼくの夢

錦織 圭

この六年間で一番思い出に残ったことはテニスで日本一になったことです。練習で一所懸命やった結果が出たと思います。全国選抜や全国小学生大会、全日本ジュニアの三つの試合で優勝しました。
一試合一試合を「絶対勝つぞ」と思ってやりました。そして「優勝」までいけた時は、すごくうれしかったです。
ぼくはテニスのラリーが長く激しく続くところが好きです。いろいろなコースに打ちわけ・深く打ったり短く打ったりします。チャンスボールがきた時、強いボールを打つのが好きです。決まった時はすごく気持ちがいいです。このショットがいつも打てるように練習していきたいです。
試合に出ることで友達が増えました。友達が増えたおかげでいろいろな話をしたりいっしょに練習したりできます。それもテニスが好きな一つです。
これからはだれにも負けないように、苦しい練習も絶対あきらめずに全力でとりくんでいこうと思います。
夢は世界チャンピオンになることです。夢に向かって一歩一歩がんばっていきます。

島根県松江市立乃木小学校の卒業文集

Scene 02 〈1999-2001〉

全小優勝を父子で喜ぶ。

全小の記念タオルは今でも大切にしている。

欲しかった「全小」優勝盾

第19回全国小学生大会 男子シングルス優勝　錦織 圭

　この大会は小学生の時の僕の目標でした。小4の時からずっとあの優勝楯が欲しかったのと日本一になりたかったからです。全小に初めて出たのが小4からで、その時はまだ1回戦負けでした。小5の時にはベスト8まで行ったので、小6の時には絶対優勝しようと思いました。

　そう思っている僕に神様が来たのか、優勝することが出来ました。その時は本当に凄く嬉しかったです。信じられないのもあったけどとにかく嬉しかったのを覚えています。

　僕は色んなショットを打つのが好きだったから、多彩なショットを試合では使います。サーブもしょぼかったし、力も無かったので繋げてばかりいました。思いっきり打つのは特に好きだった。打ちまくったりもしていました。

　その頃から夢は世界一になることでした。小学生大会に優勝してから海外にチャレンジする機会に恵まれました。初めて行ったのが小4でアメリカに行ったけど、その時は"ハロー"と"サンキュー"が僕の限界でした。今では沢山の国の言葉を覚えました。アメリカの他にはヨーロッパ、オーストラリア等にも遠征に行きました。遠征に行った先の大会で世界の強い選手達と友達にもなりました。今は再びヨーロッパで喜多文明君と富田玄輝君と一緒に世界にチャレンジしています。がんばれば世界にもチャンスはあると思うのでどんどんいろんな事に挑戦して行きたいです！

　ここまで来れたのも親、コーチ、スポンサーの方々のお陰だと思います。

　最後になりましたが、この全国小学生大会を開催して下さっているスポンサーの皆様、大会関係者の皆様方本当に有難う御座いました！！！！！

全国小学生大会プログラムに寄稿。優勝の2年後、2003年、13歳IMGに行き始めた頃

Scene 02 (1999–2001)

2015年3月3日
父・錦織清志氏のお話より

＜転機は3度あった＞
ここまで来るのに飛躍のきっかけとなったことが3つあったと思う。
1つは、小6になる春、全国選抜ジュニアで優勝したこと。地方の子どもは、テニス関係者の目に留まるチャンスがなかなかない。圭も小4から全小などの全国レベルの大会に出場できるようになったが、特に注目されることもなかった。
次のステップに進むためにもとにかく結果を出したいという思いがあった。優勝したことで初めて松岡修造氏の目にも留まり声を掛けられたことが大きかった。
次は、やはり18歳の若さでATPツアー初優勝を成し遂げたこと。なかなか結果が出ず悩んでいた時期でもあったし、予選からのスタートで優勝までするとは予想もしていなかったできごとだった。身体も大きくないし、ベストをつくさないと勝てない中、決勝は当時上位ランクだったジェームズ・ブレイクにも勝利したことは大きな自信になった。
3つ目は、2014年バルセロナの優勝。圭はもともとクレーでのプレイが好きで得意でもあった。しかし、それまでは体力的にも強くない日本人が体力消費が厳しいクレーで勝利することは難しいと思われてきた。この優勝は、身体の状態さえ整っていればクレーで勝つことは十分可能であることを自分自身で証明できたという点で大きな意味をもつことになったと思う。

＜武器は3つ＞
圭の武器は主に3つあると思う。1つはストローク力。フォアも素晴らしいがバックが優れている点。次に俊敏さ、フットワークの良さ。そして3つ目は状況を見て判断し試合運びをマネジメントする力。サーブは良くなってはいるけれど、そこに集中力を持っていかずにすむレベルになれば、他のプレイがもっと楽になるはず、と思う。

＜今の位置（4位）について思うこと＞
現在4位（2015年3月3日時点）というランキング通りの力はまだなく、上位選手との差があると感じる。この位置に来たことで、多くの人たちが試合を見るようになり、マスコミにも多く取り上げられるようになったことが正直怖いと感じることもある。優勝したり、ランキングが上がったりすることでマスコミに騒がれ、多くの人たちが近寄ってくるなどの状況の変化に気持ちを保てずだめになってしまう選手も沢山いるのも事実。バーンアウトしてしまったり、勘違いして練習に身が入らなくなってしまうこともある。トップ選手は皆そうしたことを乗り越えて来ている。圭は親から見ても、人間の生きていく基本ができていて根拠のない自信をもつこともない。周りのいろいろなことがよく見えていて、自分がどうしたらよいかわかっているように思う。

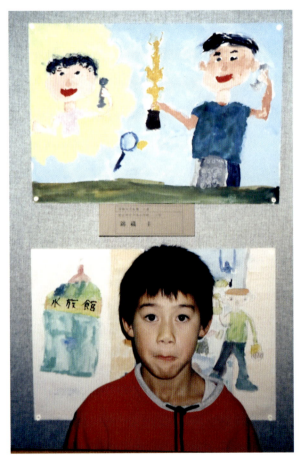

優勝したトロフィーを持って電話で報告している絵。

<＜同年代の何倍もの経験をしてきた＞

小さいうちから目的をもち、13歳でアカデミーに入り、厳しい世界で生き抜いてきたため、同年代の人たちが経験する何倍も濃縮した人生を歩んできたと思う。大人に囲まれ、いろいろな経験をしてきたので、大人にならざるを得なかったし、そうした状況が人間的に大きな成長を促したと思う。実力だけが評価される世界で、淘汰される人たちも沢山見てきて多くのことを学んできているのだと感じる。

＜テニスは子どもには過酷なスポーツ＞

テニスというスポーツは、大変リアルな性質をもったスポーツだと思う。たった一人で戦い、言い訳やごまかしは一切できない厳しさがある。また、基本的に相手がいやがることをする競技であり、子どもには過酷なものと思う。圭も負けたときには、どこか痛がることも多々あったけれど、それは子ども心に逃げ道を求める自然な気持ちであることを理解していたので、そんなときには批難しないようにした。試合に負けた子どもを怒鳴ったり殴ったりする親もよく見かけたが、子どもは負けたことで十分ダメージを受けているわけで、親が叱ってしまうとダブルで傷ついてしまうことになる。そしてテニスが嫌いになってしまう。だから試合に負けたときには、どんなに言いたくても批難の言葉を発しないようにしたが、その結果黙ってしまい、その態度は子どもには怒っていると見えたらしいので、同じことだったのかもしれないとも思う。

＜子どもにテニスをさせる親御さんに＞

今、子どもにテニスをさせたり教えたりする親が増えているが、もし世界の舞台を目指すなら、自分たちがここまで来たことの険しさを思うと、アドバイスは難しい。運も必要で、そうした恐さを知っていたら踏み込めない世界だと思う。ただ、練習は強くなることが目的だが、好きになって長くやることが大切。どんなスポーツも遊びの延長なので、楽しんでやることが重要と思う。圭も姉がいっしょにいたことで遊びの感覚で練習できたことが大きかった。高校などでスパルタの練習がいやでやめてしまう子どもも多いのが実態で、それは意味がないことだと思う。また、スクールのコーチにゆだねるにしても、コーチは多数の中の一人として見るためかみ合わないこともある。親は子どもの未来を見すえて道すじをつけてあげることが必要だと思う。

＜両親に似ているところは？＞

あえていうなら、父からは勝負にこだわるところを受け継いでいるかもしれない。勝負が好きで負けず嫌いなところ。そして母からは、まじめさ、がまん強さなどを継いでいると思う。

小4で全小に出場したときは1回戦負けだった。

修造チャレンジで

楽しみにしていた修学旅行よりも修造チャレンジを選んだ。

『修造チャレンジトップジュニアキャンプ』は、1998年にジャパンオープンで松岡修造が現役を卒業した秋に発足、当初は13歳〜18歳の男子ジュニアが対象だったが、より低年齢からの強化が必要であるという松岡氏の考えから、2001年より12歳以下、14歳以下、18歳以下のジュニア合宿を始め、6年生だった錦織圭は、2001年6月の合宿に初めて選抜された。そのときは楽しみにしていた修学旅行と重なっていたが、圭は迷わずテニスを選んだという。人一倍行事好きではあったが、テニスを優先するのは親子ともに自然なことだった。2001年11月、松岡氏の恩師でもあるボブ・ブレット氏を招いてのジュニアキャンプにも参加し、指導を受けた。そのときの練習試合では高校1年生を破る。松岡修造氏は、圭の「まるでテレビゲームをしているかのような、僕では到底発想できない想像力から生まれるテニス」に着目し、それを崩さないようにテニスに関しては触れることはなかった、というより圭から学んだことが多かったという。

◆修造チャレンジトップジュニアキャンプ
松岡修造が現役を退いてから立ちあげたプロジェクトで、世界を目指すトップジュニアを対象とした強化キャンプ。当初は日本テニス協会との共催で実施していたが、現在はテニス協会の男子強化プログラムとして実施。

◆松岡修造プロフィール
1967年11月6日東京都生まれ。
10歳で本格的にテニスを始め、慶應義塾高等学校2年のときにテニスの名門である福岡県の柳川高校に編入。同年高校総体単・複・団体で三冠を達成。その後、世界的にも有名なコーチであるボブ・ブレット氏と運命的な出会いを経て、単身フロリダ州タンパにあるハリーホップマン・テニス・キャンプに参加。86年、地元にあるパーマーアカデミーを卒業後プロに転向。88年、初めて世界ランキングトップ100の壁を破り、世界のトッププロの仲間入りを果たす。92年4月、KALカップで日本人男子選手として初めてATPツアー優勝。同年6月にはステラアルトア・グラスコート選手権で準優勝。世界ランクも自己最高の46位にまで上げた。
95年のウィンブルドンでは準々決勝でサンプラスとの対戦に敗れはしたものの、日本人男子として62年ぶりにベスト8進出の快挙を成し遂げた。96年のウィンブルドンでは2回戦のミヒャエル・シュティッヒ戦で長年の夢であったセンターコートでの試合がついに実現した。98年4月のジャパンオープンを最後にプロツアーを卒業。同時にジュニアの育成とテニス界の発展の為にテニス活性化プロジェクト「修造チャレンジ」を設立。

松岡修造氏、富田玄輝選手（右）と。

世界への扉が開かれた

修造チャレンジトップジュニアキャンプでは「低年齢から世界のテニスを感じる」という目的で、年に1度、世界的名コーチであり、松岡修造氏の恩師でもあるボブ・ブレット氏を招いて、ジュニアキャンプを実施している。

ボブ・ブレット氏の指導を受ける錦織選手

2002年12歳、中1の夏 ヤングスター（ヨーロッパで行われている14歳以下の5大会ツアー）に出場。2002年は4大会出場し、2大会は予選を突破できず。写真はフェアプレー賞をもらったとき。

2003年ヤングスターで優勝したときの盾。2003年13歳、中2の夏に勝てるようになる。4大会出場し、2大会優勝（一つは単複）、1大会準優勝、1大会コンソレ優勝。

2002年7月ドイツ、コロンでのヤングスター。修造チャレンジ遠征で櫻井監督が錦織と富田を引率。テニス協会遠征で、右近監督の下、喜多と小ノ澤が出場。女子は溝口監督が引率、福井、加藤がヤングスターに出場した。12歳と7ヶ月の圭は、予選で負けて、本戦に出られず。

Kei Nishikori | 21

修造チャレンジで、錦織に続く選手育成

＜子どもの頃の錦織選手について＞

錦織圭選手のプレイを初めて見たのは、小学6年生の11歳のときに出場していた全国選抜ジュニア選手権大会でした。圭はそのとき12歳以下の部で優勝しましたが、そのプレイを見て驚いたのを今でも覚えています。いままで僕が見ていたジュニア選手では考えられないプレイをしていました。普通、ジュニアの試合はとにかくがんばって拾って拾って勝つというパターンが多いのですが、圭は『自分で試合を作って勝つ』というテニスが当時からできていました。そのプレイの発想力は普通では想像できない。ですから、それまではトップジュニアキャンプには14歳以上を対象にしていたのですが、このときの圭を見て、小学生でも合宿に参加しても十分対応できると思いました。

ジュニアキャンプでは、圭にショットのフォームなどの技術的なこと、またコース選びなどの戦略面についてのアドバイスはほとんどしませんでした。それは圭がすでにもっている能力を枠にはめてしまうことになると思ったからです。それよりも、海外遠征やジュニアの国際大会出場など小さいころから世界を肌に感じてもらうことの方が圭にとっては大切なことだと思ったのです。

＜テニス選手を目指す子どもたちに＞

○「世界一のテニスプレイヤーになりたい！」ジュニア合宿で最初に子供たちが発する言葉です。僕の時代では世界のトップを夢みるなんてありえないことでした。ただ、今は錦織圭という日本人選手が世界のトップにいます。より子供たちにとっては身近な目標になっているのです。ただ、世界で戦うためには圭自身が学んだ自立心、独立心、そして表現力を養っていかない限り、夢に到達しないということを知ってほしいと思います。それこそが圭が最も努力し自分のものにしたこと。これは才能ではありません。頑張れば身につけることができる。そのことを圭が証明してくれたと思います。

＜修造チャレンジを立ち上げた動機について＞

僕の現役時代は怪我との戦いでもありました。だからこそ、僕が遠回りした分、いろんな道や方法を伝えることができる。僕しか伝えられないことがある、という思いから「修造チャレンジ」というプロジェクトを立ち上げました。立ち上げ当初は手探り状態でしたが、技術、メンタル、トレーニング、栄養と日本で最高の先生方に協力していただき、いまでは日本テニス協会の男子強化プログラムとして実施しています。

＜今の錦織選手のすごいところ＞

圭は今ファイナルセットの勝率がなんと歴代1位という勝負強さを見せています。それは、メンタル面だけではなく、圭の誰よりも想像力豊かで、引き出しの多いテニスがあるからこそ。そして、圭はいつ自分のテニスのギアをあげるかをしっかりと把握しています。タフな状況になればなるほど圭は強いんです。また、誰からも愛される人柄なのも圭の魅力なんでしょうね。

松岡修造氏のお話（2015年3月13日）

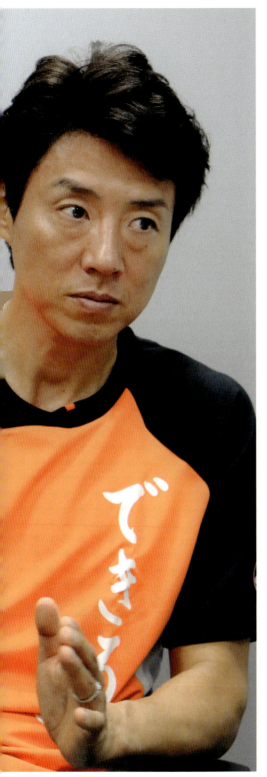

修造チャレンジの練習風景

» エピソード

「錦織選手は普段はどちらかというとひかえめでおとなしい子どもでした。でも一旦ラケットを握り、試合をさせると勝負師の顔になります。一番驚かされたのは、小学生でありながら高校生を練習試合で破ってしまった事です。キャンプに参加している皆の見ている前で。小さい時から勝負強い子供でした」
（松岡氏談）

その負けた高校生はTBS「あさチャン」や「ひるおび！」のスポーツ・キャスターをつとめている石井大裕（ともひろ）アナウンサー。石井アナウンサーはかつてジュニアの大会で活躍、その後、ウィンブルドンチャンピオンを育てたコーチ、ボブ・ブレット氏のいるテニスキャンプでトレーニング、海外ツアーも回っていた。「トモの名誉のためにも言っておきたいが、次の年はトモがケイに勝った」とブレット氏。

Scene 03
(2001-2003)

盛田ファンドがジュニアの道を切り開く

「奨学金でIMGアカデミーに留学させてくれた盛田会長は恩人。とても感謝しています。次は盛田会長の目の前で優勝して恩返しをしたい」。2014年USオープン準優勝の錦織圭は試合後のインタビューでそう言って会見を締めくくった。

「極めて才能のあるジュニアを幼い頃から海外で育てたら、きっと世界のトップになるに違いない」という仮説の下、若手選手の発掘、育成を目的に、盛田氏が私財を投じて2000年に設立。毎年10代前半の選手を選んでアメリカのIMGアカデミーにテニス留学させている。奨学金としてその間の学費、滞在費、遠征費などを支援する（一人あたり約1千万円）。返済義務はないが、奨学金の還元はATPランキング100位以内に入ってから5年間、後輩の奨学金として年間獲得賞金額の10パーセントを還元する。錦織圭が初めての奨学金還元をやった選手。

2013年に公益財団法人となり、選手も公募制となる。
応募の条件：全国選抜ジュニア、全日本ジュニアの12歳以下、14歳以下でシングルスベスト4以上、海外在住の場合はその国の最高位大会でベスト4以上、というのが原則としての応募資格。選考は盛田ファンド側だけでなく、受け入れ先のIMGアカデミーのコーチも加わる。

書類選考の後に国内で2次選考会を実施。3次選考はIMGアカデミーに2週間の短期留学を行い、現地の生活を体験。テニスだけでなく、外国人3～4人との寮生活もテストされる。

盛田氏は「黒子に徹し」極力、表舞台に出ることを避けてきた。
選手達には所属MMTFでなく、世話になっていたクラブ、スクールの名前で世界の大会に出せる。私（塚越）がセンターコートで錦織圭の試合がある日に会ったとき、盛田会長は「私はまだジュニアの選手の試合があるからそこに応援に行く」と言っていた。
錦織の試合も気になるだろうが、ジュニア達の成長を温かく見守り応援している。

選ばれた選手は2年目からは毎年、留学を継続するための課題がある。
選手の目標設定の項目は、選手によっても違うが、目安としてシングルスで、
1) ATPポイントを20ポイント獲得
2) ITFジュニアのグレード1大会で優勝する
3) 4大大会のジュニア部門でベスト4以上
などの活躍が求められる。
最終期間まで残れた留学満了者は錦織圭と西岡良仁（19歳、1995年9月27日生まれ、145位）、中川直樹（18歳、1996年11月19日生まれ、800位）の3人しかいない（2015年4月現在）。
2000年から2006年まで米沢徹コーチ、2006年から山中夏雄コーチが常駐。

選考に落ちた選手に対しては、
「選手の才能を否定した訳ではない。IMGアカデミーに合っていないだけ、ほかの所で磨けば能力を発揮できるかもしれない」と示唆する。

盛田ファンド練習会（セレスがヒッティングパートナー。朝日生命久我山コート）
「本当は試合をして欲しかった」

2015年全豪オープン準々決勝ワウリンカ戦を見守る盛田会長。

盛田正明（もりたまさあき）

1927年5月29日生まれ
1951年ソニー（東京通信工業）入社
常務 専務 副社長を歴任
1992年から1998年ソニー生命保険会長
2000年から2011年日本テニス協会会長、以降名誉会長

広大な敷地にあるコート。練習環境は抜群によい。

活躍した歴代のアカデミー卒業者。錦織の名もある。

IMGアカデミーの入り口

米沢コーチと練習風景。

13歳、アメリカへテニス留学

練習環境を求めて大きな決断をするときがきた

錦織圭は、2002年9月、12歳、中学1年、IMGニックボロテリー・テニスアカデミーへ盛田ファンド第4期候補生として短期留学した。これは、正式に留学するためのテスト期間で、9月はじめから10月中旬の1ヵ月半だった。そして翌年2003年3月、13歳、中2で盛田ファンド最終セレクション、第4期生として正式に決まり、2003年9月11日からIMGボロテリー・テニスアカデミーに留学した。大きな決心だったが、地元に練習相手がいない環境だったことが決定的だった。また、ジュニアキャンプなどでいっしょだった富田玄輝、喜多文明それに米沢徹コーチが付き添って同行。それが本人にとっても両親にとっても心強く安心材料だった。

そのときの錦織のアピール

- 人に負けないもの／テニスが凄く好きなところ。
- どんなプレーヤーになりたいか／ストロークでポイントを取りに行き、前にも出ていけるプレーヤーになりたい。
- 将来の目標のために努力していること／トレーニングで体力をつけること。
- 自分の性格を具体的に／負けず嫌い。飽きっぽい。
- 留学に望むこと／海外のさまざまな人たちと試合をしていくことで身につくこと。

16歳のときに「圭の最終目標は？」の問いに圭は、「世界一番」と即答で答えた。すごい決意だと今さらながら思いました。（米沢徹コーチ談）

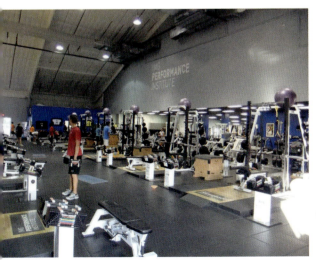

トレーニングルーム

両親と最初の頃のコーチ、ハラミロ夫妻と。

Scene 03 (2001-2003)

IMGアカデミーについて

ニック・ボロテリー氏

プロスポーツ選手養成学校。所在地はアメリカ、フロリダ州ブラデントン。
錦織圭の活躍でテニスが有名だが、500エーカー（東京ドーム50個分）の広さの中に、ゴルフ・野球・バスケットボール・アメリカンフットボール・サッカー・ラクロスのアカデミーもある。プロを目指すトップアスリートを育成する施設で、世界中から常時800人の生徒が在籍している。テニスコートは現在53面。ハードコートが33面、クレーコートが16面、インドアコートが4面ある。正面玄関を入ってレセプションがあり、右に行くと美容室、訪問客用の宿泊施設がある。左に行くとIMGボロテリのオフィース、もっと奥にはジムとインドアコートがある。アカデミーの子供達の宿泊施設の多くはアカデミーパークの方に新しく作られたアセンダーホールという所に移っている。
観客席付きのコートがあり、その入り口にはアカデミー出身選手の錦織圭、アガシ、シャラポアなどの名が書かれたボードがある。ここには有望と見込まれてアカデミーにスカウトされた子もいれば、各国のテニス協会や奨学金を出す団体から派遣された子、日本からは「盛田テニスファンド」の援助を受けた子も3人いる。（2015年9月予定）
いろんな国籍、テニススタイルの選手がいて、腕を磨くにはこの上ない環境だ。アカデミーの授業料は年間約4万ドル、敷地内の寮に住むなら約5万ドル。このほか学校の費用もいる。（高校の場合、約2万ドル）プロになる道だけでなく、学業も優秀な子は名門大学でテニス奨学金を受け、大学でプレーすることもできる。また、ジュニアや一般の人達のために、短期トレーニングコースもある。（1日から可能）
大人なら5日で約1500ドル、ジュニアなら2週間で約4000ドル（宿泊食事つき）。内容も、テニス＋英語習得コースをはじめいろいろなコースがある。
アカデミーには、世界80ヶ国から毎年3000人以上が訪れる。これまでテニスでは錦織圭、アガシ、シャラポア、セレス、クーリエ、リオスなどを輩出してきた。また、大リーグのデレク・ジーター、NBAではコービー・ブライアンも在籍していた。
錦織圭は中2（13歳）の2003年9月にIMGアカデミーに入学した。

《アカデミーでの錦織圭　1日のスケジュール》
```
 5:30  起床　朝食を取る
 6:15  コート集合
        テニス、トレーニング
11:40  昼食
12:30  スクールバスでブラデントン・アカデミーに行き勉強
15:00  帰寮　昼寝など休憩
16:00  試合、マッチ練習（IMGアカデミーの他の選手達や上達すると
        練習に来たツアープロの練習相手になる）
17:30  サーブ練習。ジムでトレーニング。ヨガも週2回
18:50  カフェテリアで夕食
19:00  従業員が片付けを始める
                                    （米沢徹）
```

ヨガの時間

山中夏雄MMTFコーチとアカデミーを卒業できた3人、中川直樹、錦織圭、西岡良仁。

カフェテリア

勉強の時間

「圭は食が細かったので、強引に食べさせた。また、当時はまだ体ができておらず、充分な体力がなく、疲れがたまると40度近く熱を出したり腹をこわしたりしていた。特に休みなく移動する遠征中では油断するとそうなった」と、2002年から2006年まで日本テニス協会ナショナルコーチそしてMMTFコーチ兼マネージャーとして錦織のコーチを務めた米沢徹氏は語る。
（熱血　米沢徹プロのブログ　Just go for it）
http://www.tennis-navi.jp/blog/toru_yonezawa/

アカデミーでは、コートに集合すると以下のポイントを毎日チェックする。
睡眠の質（Quality of sleep）
疲労感（Tiredness sensation）
練習意欲（Motivation）
食欲（Appetite）

テニス練習は1日7時間。錦織は中学を卒業すると、日本の通信制高校に入学して勉強した。本人は「勉強が楽しい。日本語を書くのも楽しい」。日本の家族には「荷物届いたけん」などとメール。

島根県は練習がしっかりできる環境ではなかった。世界を目指すことを考えたときに、東京か海外か？
「世界じゅうから集まる、世界のトップを目指す仲間と本気で打ち合いたい。競うことでレベルアップがしたかった」
しかし、13歳。まだ細く、背も低く、一言も英語が話せなかった。最初は言葉の壁で意思が通じなかったり、習慣の違いでカルチャーショックを受けたりした。自分の持ち物を取られたりするのも、日常茶飯事だった。そうした状況の中、ひたすら真面目にテニスに励んだ。一時はホームシックになった。
そして3年目くらいでやっと周りが見えるようになってきた。しかし、思春期になり、「俺はここで何をしているのだろう？」と思った時期もあったという。「大学にいくのかな？」と両親に話したこともあった。
「弱肉強食の世界。結果が出れば待遇も良くなる」
「怠けたり、試合で勝てなくなってきたら周りのコーチの目もあきらかに違ってくる」
「結果を出さなくてはいけない。良い意味でも悪い意味でもプレッシャーがあったので、より強い気持ちが持てた。アカデミーに行ったのは良い選択だったと思う」と、現在の錦織。

風船を使った練習

ツアーの合間、バチカンへ

日本の両親に宛てたハガキ

Scene 04 〈2003–2007〉

大きな成長を遂げた ジュニア時代

ジュニア時代の主な成績とでき事

- 2003年8月 13歳　　　ワールドジュニアファイナルで準優勝
- 2003年12月　　　　　マイアミでのジュニアオレンジボウル14歳以下準優勝
- 2004年12月　　　　　オレンジボール18歳以下で予選通過本戦入り
- 2005年15歳　　　　　全仏オープン・ジュニア予選
- 2006年16歳、1月　　　全豪オープン・ジュニア8強
- 3月20日　　　　　　　1504位　メキシコフューチャー予選から4強
- 6月　　　　　　　　　全仏ジュニア・ダブルスで初優勝
- 2006年10月16歳　　　プロツアー（フューチャー）初優勝。ランキング1000位を切る!

2003.8
ワールドジュニアファイナル

ワールドジュニアファイナル（国別団体対抗戦）で準優勝。それまで、日本はアジア予選を通過するのがやっとだったがこのときドナルド・ヤング率いるアメリカが優勝し日本は2位。左から、右近憲三監督、熊谷宗敏、喜多文明、錦織圭。

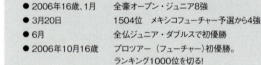

2005.7
デビスカップ

有望な将来のデ杯選手として1歳年上の一藤木貴大と一緒にデ杯練習に参加。

2005.5　全仏オープン・ジュニア
Result 予選敗退

全仏の会場で、米沢徹コーチ、松岡修造氏、ボブ・ブレット氏とともに。

前週、ブラジルジュニア大会単8強複4強で全仏に来たが、予選1回戦負けだった。

2005.8（15歳）
全米オープン・ジュニア Result ベスト16

photo：阿部正之助

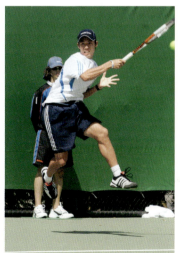

2006.1（16歳）
全豪オープン・ジュニア Result 単ベスト8 Result 複ベスト4

Scene 04 〈2003–2007〉
ジュニア初優勝はダブルス

2006.6
全仏オープン・ジュニア
Result 複・優勝

全仏のコートでナダルと練習。

2006.6
全仏オープン・ジュニア Result ベスト8

2006年5月、全仏オープン・ジュニア単8強、複ではエミリアーノ・マッサ（アルゼンチン）と組んで優勝した。とても嬉しく自信になったという（その時、世界ランキング2位のナダルに指名されて練習）。その年捻挫2回、2,3ヶ月休んだ。イライラしたがその怪我でテニスがもっとやりたい心が強くなったという。

ATPランキング1000位を切った!

怪我があってさらに気持ちが強くなった

2006年に入り、16歳の錦織はジュニア大会だけでなく、プロの大会にも本格的に挑戦を始める。しかし下部ツアーのチャレンジャーには、ランキングは300位内ぐらいでないと出られない。ランキングポイントがない選手はチャレンジャーの下部ツアー、世界中で行われているフューチャーに出てポイントを獲得していく。錦織のツアー初挑戦は15歳の10月、アメリカ、テキサス州で行われたフューチャーの予選だった。1回戦は勝つが2回戦で敗れ本戦入りはできなかった。プロ・ツアー8戦目、このメキシコ・フューチャーでは、厳しい予選を勝ち上がりついに優勝した。この優勝で12ポイント・賞金1300ドルをゲット、860位となった。そして2006年の最終ランキングは603位だった。

初めてついたツアーコーチの
シーザー・カスタネダ氏と。

2006.10
メキシコF18 Result 優勝

Kei Nishikori | 33

Scene 04
(2003–2007)

2007年17歳 ジュニア卒業、ATPツアー初出場

2007.3
マスターズ・マイアミ

クエルテンと組んでダブルスではあるが、17歳でATPツアー初デビューした。その頃毎日フェデラーと練習し、5〜6回マッチ練習、2回ぐらい勝ったと言う。

ダブルスドロー表

フェデラーの練習相手をつとめた。

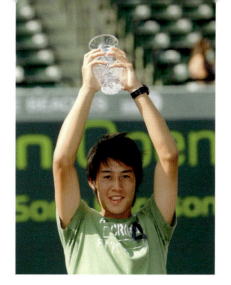

ジュニアシングルス優勝

2007.3
ルキシロン・カップ

ルキシロン・カップは、ソニー・オープン期間中に開催されるジュニアの大会。過去2005年は1回戦敗退、2006年は怪我で不参加だった。

ジュニアからプロへの道を歩み始めた

ジュニアの大会は、勝たなくてはと思いすぎて
プレッシャーになるがプロ大会では気楽にやれるという

2007年7月ATPロサンゼルス・オープンでは予選を勝ち上がりシングルスで本戦出場。ATPインデアナポリス大会も予選を突破し風邪気味だったがベスト8。

この年8月にはランキングが269位までになり、USオープンの予選に初出場。2回戦でバウ(ドイツ)に敗れる。

Scene 04
(2003–2007)

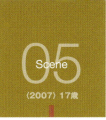

Scene 05
〈2007〉17歳

プロ宣言。プロデビューはジャパンオープン

2007年9月29日、大会前の会見で10月1日付けでプロに転向しIMGとマネジメント契約したことを宣言した。
「現在の目標は200位台、ツアーやグランドスラム大会予選に出られるランキング。将来の目標はトップ10」

苦いデビュー戦だった。1回戦の相手はザック・フレイシュマン（米145位）、第1セットのタイブレーク5-2から逆転負け（6-7(5),6-3,1-6）。腰を痛め、メディカルタイムアウトを取りながらの試合になった。試合後は故郷の松江で2週間過ごす。
その後、韓国チャレンジャー大会に出場するも、全豪オープンは腰痛のため見送った。1月のチャレンジャー大会ではガウディオ（2004年フレンチ・オープン優勝者）を6-0,6-3で破り4強となったが、腰痛と体調不良で準決勝棄権。次のチャレンジャー大会でも予選敗退し、「やめたい」という手紙が家族に届く。

大会前日のエキシビション「ATPサンデー」でフェレールと対戦。フェレールとは縁が深い。

2007.10 ATP500 ジャパンオープン Result 1回戦

《錦織圭vsフェレール対戦成績　7勝4敗》

2008年	全米オープン3回戦	○6-4 6-4 3-6 2-6 7-5
2011年	ジャパンオープン1回戦	● 4-6 3-6
2012年	ロンドンオリンピック3回戦	○ 6-0 3-6 6-4
2013年	全豪オープン4回戦	● 2-6 1-6 4-6
2013年	マスターズマイアミ4回戦	● 4-6 2-6
2014年	マスターズマイアミ準々決勝	○ 7-6(7) 2-6 7-6(9)
2014年	マスターズマドリード準決勝	○ 7-6(5) 5-7 6-3
2014年	マスターズパリ準々決勝	○ 3-6 7-6(5) 6-4
2014年	ATPワールドツアーファイナルR3	● 4-6 6-4 6-1
2015年	全豪オープン4回戦	○ 6-3 6-3 6-3
2015年	アカプルコ　決勝	● 3-6 5-7

2008.2 ATP250
デルレイビーチ国際
テニス選手権 Result 優勝

1R	MAYER, Florian (GER)	6-0 4-3 RET
2R	DELIC, Amer (USA)	6-7(7) 6-4 6-2
準々決勝	REYNOLDS, Bobby (USA)	6-2 6-4
準決勝	QUERREY, Sam (USA)	4-6 6-2 7-6(7)
決勝	BLAKE, James (USA)	3-6 6-1 6-4

ツアー初優勝は18歳、予選から

Scene 06 （2008）18歳

3回のマッチポイントを凌いでの優勝

ツアー初優勝は2008年2月、デルレイビーチ国際大会。
日本人のツアーでの優勝は1992年4月の韓国オープン（松岡修造）以来15年10ヶ月ぶりとなった。

18歳と1ヶ月でデルレイビーチ予選から優勝。決勝の対戦相手はジェームズ・ブレーク、当時ランキング12位（最高位4位）の選手で初対戦だった。
200位台で悩んでいたときなので、予選を上がれただけでも嬉しい事だったが優勝はまったく予想外のことだった。「どの試合も全て挑戦者の気持ち、最後まで優勝できるとは思わなかった」「テレビでしか見たことない選手に勝てるなんて信じられない！」とは本人の率直な言葉。さらに、「腰の怪我をかかえたままで痛みが残っていたのに。それを予選から優勝とは驚き！」とグレン・ワイナーコーチ。
18歳と1ヶ月19日での優勝は、現在のツアーが始まってから14番目に若い記録。
ヒューイット1998年1月アデレード優勝16歳10ヶ月18日。
錦織はこの優勝により、ランキングは244位から131位に（2月18日）。

2008年の主な成績とでき事

1月	● 腰の具合が悪く、全豪オープン出場を見送る。
	● マイアミのチャレンジャーでガウディオを破り4強。腰痛と体調不良で準決勝棄権。
2月	● ATPデルレイビーチ国際に予選から出場して優勝。
	● サンノゼ大会でロディック事件。試合中に威嚇され集中できなくなった。試合後ロッカールームでずっと泣いていた。
3月	● ATPマスターズインディアンウェルズ3回戦。
4月	● デ杯初出場。インド戦デビュー。日本のNo.1プレーヤーとしてアジアオセアニアゾーン2回戦を戦う（ワールドグループ入れ替え戦進出をねらったが、日本はインドに3連敗で勝負は決まった）。
	● バミューダ・チャレンジャー優勝。
	● ソニーとの3年間の所属契約発表。
5月	● 全仏オープン予選敗退。
6月	● ウィンブルドンの前哨戦クィーンズ大会3回戦でナダルと対戦。4-6, 6-3, 3-6自信をもつ。4日前にフレンチ・オープン4連覇したナダルから、「将来トップ10、トップ5に入る選手」と言われる。
	● ウィンブルドン1回戦途中棄権。
8月	● USオープン3回戦で、当時4位のフェレールを破る。
9月	● 楽天ジャパンオープン3回戦でガスケ（フランス）に敗れた。
	● 年末ランキング63位。
	● アパート購入。

錦織圭の2008年の抱負

昨年はチャレンジャー大会やプロのトーナメントに挑戦したり、またプロに転向したりと僕にとっては心身ともに大きくステップアップした年でした。2008年は本格的にプロとして世界を転戦します。いろんなことが待っている1年になると思うので今からワクワクしています！世界のコートで思い切りプレーできるように頑張りますので、皆さん今年も応援、宜しくお願いいたします！〈FAX新聞「Tennis Japan」2008年元旦号より〉

Scene 06
〈2008〉18歳

2008.2 ATP250
デルレイビーチ国際テニス選手権 Result 優勝

韓国オープンで優勝した松岡修造

錦織にとってこの大会はツアー本戦6大会目。厳しい予選を3回勝ち上がる。
18歳のジュニアがプロツアー予選で3回勝つというだけでもすごいことなのだが、本戦でもランキング上位者5人を連破し、優勝した。準決勝ではあと1ポイント取られたら、負けてしまうという絶体絶命の場面があった。しかもそれはファイナル・セットのタイブレーク。なんと3-6！ 相手には3つのマッチポイントがあったのだ。相手はサム・クエリー、ビッグ・サーバーだ。3本連続のマッチポイントを逃れ6-6になるものの、6-7で4本目のマッチポイント！ それも逃れ、9-7。結果は、4-6,6-2,7-6(7)。絶体絶命からの奇跡の挽回だった。決勝は元世界4位、ツアー10大会の優勝を誇る第1シードのジェームズ・ブレーク（28歳）。前夜は「勝つ自分をイメージしようと努力したが、できなかった」と寝つけぬ夜を過ごした錦織。第1セットは落とすものの、3-6,6-1,6-4の逆転勝利。

1992年4月韓国オープンでの松岡修造以来の、日本男子16年ぶりのツアー制覇を成し遂げた。2007年10月ジャパン・オープンでプロ転向後わずか5ヶ月目で$68,800（約750万円）の優勝賞金を手にした。

〈ちょっと微笑ましい錦織圭語録〉
調子に乗るなよ！ パパもね！

初優勝を飾った錦織は優勝報告の電話を実家にかけた。その様子を父、清志氏は「信じられない！」と主は興奮していました。次もありますから「調子に乗るなよ！」と私が言うと「パパもね！」と言われちゃいましたと父は語る。微笑ましい親子の会話だ！

100位切り99位に!

4月、バミューダで行われたチャレンジャーに優勝、120ポイントを獲得。4月28日付けのランキングでついにトップ100入り、99位となった。チャレンジャーは格下の大会で、フェデラーやナダルなどトップクラスは出場しないが、50位から100位ぐらいの中堅プレイヤーが出場する大会で、この優勝は大きな意味をもつ。

「圭は本当にすばらしい! すごいの一言です。僕の目標は、世界の100位以内に入ることでした。僕の恩師、ボブ・ブレットが最初に言った言葉が忘れられません。"修造、一所懸命がんばって戦っていけば、世界の100位以内に入れる…かもよ!" maybeがついておりました。圭は、なんとその壁を半年で破ってしまいました。化け物です。ウィンブルドンも本戦出場間違いなし。この勢いでベスト8を抜いてくれ!」松岡修造

「ケイ おめでとう。99位はグッドエフォット。100位を切ることがどんなに重要で大変か、プレイヤー達は分かっている。現実には努力し、ベストを尽くしたが、その壁を破れずにツアーを去っていくプレイヤーがほとんどだ。これからはグランドスラム大会など、大きな大会に出る機会が増えていくことだろう。5セットマッチ、その上ハイ・レベルな戦いをしなくてはならない。フィジカル(体力)も必要だし、気が抜けない、より緊迫した戦いが待っている。上に行けば行くほど、戦いはシビアーになっている。ステップbyステップ、慌てずに歩んで欲しい。私の経験から、プレイヤーは年間70から90の実戦が必要だと思う。トーナメントに換算したら、年間18から24大会ぐらいだろうか。マスターズ・シリーズでトップ・プレイヤーと対戦する楽しみもあるだろうが、最初からシード選手と対戦することが増えてくるだろう。簡単には勝たせてくれない、そうすると試合数が減ってしまう。しばらくは、大きな大会とチャレンジャーなどを組み合わせるスケジューリングが重要になってくるだろう。世界の頂上への道のりは険しい、しかしケイならできるだろう。なぜならケイはHow To Winを知っている。おめでとうケイ」ボブ・ブレット
(FAX新聞「TennisJapan」2008年4月28日号より)

<錦織圭、99位までのランキング遍歴>
2006.3/20 1504位デビュー。16才、3大会目メキシコF4で予選から勝ち上がり4強4ポイントゲット、合計5ポイント
2006.6/12 996位、1000位を切る
2007.6/11 385位、なんと一気に500位を切る
2008.2/18 131位 デルレイビーチ優勝で200位を切る。
その2ヶ月後
2008.4/28、99位、チャレンジャー優勝で100位を切る。

記念のサイン入り写真。

2008.4 Challenger
バミューダ・チャレンジャー 優勝

「いつでもだれでもラッキーはくる」

2008年5月、フレンチの予選は2回戦敗退。2-6,5-7でシモン・グレウル(ドイツ193位、最高ランキング75位)に敗れた。「すごく悔しい。眠れないぐらい」「テニスの調子は悪いし、何をやってもおもしろくない。やめたい」と両親にメール。

「勝てる気がせん。普段の生活も楽しくないし、うつ状態だ」。予選突破は当然という周りの期待が大きかった。自分でもフレンチは前から好きだったし、クレーを得意と思っていた。格下に負け、フレンチが嫌いになる。そんなときに母から、「いつでもだれでもラッキーはくる」というメールが来る。この言葉は、錦織圭が中学生のときにやはり何か悩んでいたときに自分を励ますつもりで紙に書いたものだった。その紙はすぐにゴミ箱に捨てたはずだが、母が取っておいたのだった。このメールが立ち直るきっかけになったようだ。

2008.5 GS
全仏オープン 予選2回戦

6月9日から開催のクィーンズ3回戦ではナダルと対戦。4-6, 6-3, 3-6で自信をもつ。ナダルは、4日前にフレンチ・オープン4連覇、そして4週間後、ウィンブルドンでは優勝する。そのナダルに「将来トップ10、トップ5に入る選手」と言われる。

TENNIS Japan

テニスFAX新聞
2008. 6. 17（火）先勝
（20:30）発行
株式会社 テニスジャパン

第 78 号（通算2729号）

発行人 塚越 亘

本紙記載記事等の無断転載を禁ず　TEL 03-5912-6060　FAX 03-5912-6061

錦織 圭、ナダルに善戦！　●The Artois Championships（London 713,000ユーロ）

＜3回戦＞　◎①R.Nadal(ESP)　6-4, 3-6, 6-3　錦織 圭

第1セット、第7ゲーム。ナダルの強烈なフォアハンドが炸裂し、ワンチャンスをものにしたナダルがブレークに成功。ファーストセットは、ナダルが6-4で先取。
第2セット、ナダルは凡ミスらしい凡ミスがほとんどなく、隙がない。互いのサービスをキープして迎えた、ナダル・サービスの第8ゲーム。ナダルがハーフボレーをネットし、15-40と大きなチャンスが到来する。次のポイントはナダルがエースで凌ぐものの、何でもなさそうなミドル・ボレーをネット！！
ついに錦織がブレーク！！

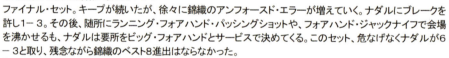

サービング・フォー・ザ・セットの第9ゲーム、錦織は強打と見せかけドロップ・ショットを絶妙な所に落とす。虚を取られたナダルは一歩も動けない。
40-15から116MPHのエースをセンターに決め、なんと第2セットは錦織が取った！！！
ファイナル・セット。キープが続いたが、徐々に錦織のアンフォースド・エラーが増えていく。ナダルにブレークを許し1-3。その後、随所にランニング・フォアハンド・パッシングショットや、フォアハンド・ジャックナイフで会場を沸かせるも、ナダルは要所をビッグ・フォアハンドとサービスで決めてくる。このセット、危なげなくナダルが6-3と取り、残念ながら錦織のベスト8進出はならなかった。
「久しぶりにテニスが楽しく感じられた。緊張はあまりなく、ナダルと戦うのが楽しみで楽しみで、しょうがなかった。セットを取れたのは自信になったが、チャンスがないわけではなかったので、試合後は本当に悔しかった。ブレークされた2ゲームとも、ゲームポイントがあったのにキープできずブレークされたので、そこをきっちり抑えていれば、もっとチャンスがあったと思う。やっぱり簡単にポイントを取らせてくれないし、大事なポイントでは必ず良いプレイをして来る。まだまだ差を感じた。」と錦織。　　（レポート／左近允 亘　写真／山岡あらた）

クルム伊達、12年ぶりの優勝！！

●東京有明国際女子オープン（6/10～15 有明テニスの森公園）
＜決勝＞　◎④クルム伊達公子　6-3, 6-2　秋田史帆

12年ぶりにツアーに参戦のクルム伊達。岐阜、福岡、久留米、そして4戦目有明に参戦。96年8月、東芝クラシック決勝でサンチェスを3-6, 6-3, 6-0で破って以来のツアー優勝を決めた。
立ち上がりは互角の展開。秋田は攻撃的なサーブで粘りで踏ん張るが。
「第2セットから、（秋田の）しぶとさがなくなり楽になった。」と伊達。
秋田のミスが早くなり、やや一方的な内容になってしまう。最後は伊達のプレースタイルを象徴するような、素早いダッシュからのアプローチショットがエースとなり、復帰後4戦目にして初めてのタイトルを手にした。
「若手に刺激を与える。」ためにツアー復帰したと伊達。37歳の新人だ？
＜ダブルス決勝＞　◎宮村美紀／加藤茉弥　64, 62　W.Liu(CHN)／Y.Zhao(CHN)

（レポート＆写真　JET 田中 有明国際女子オフィシャル・カメラマン）

（FAX新聞「TennisJapan」2008.6.17号）

Scene 06
(2008) 18歳

2008.6 GS
ウィンブルドン
Result 1回戦

1R　GICQUEL, Marc (FRA)　6-4 5-7 RET

初めてのグランドスラム、ウィンブルドンは無念の途中棄権

錦織にとって初めてのグランドスラム大会本戦、それが誰もが憧れるウィンブルドンだった。「すごく楽しみだった」と言う錦織。対戦相手のGicquelは、オランダで行われたウィンブルドンの前哨戦で、決勝まで進出していた。この日錦織のプレーは光っていた。第3ゲームをブレークし、第1セットを6-4で取る。甘い球が来ると、錦織はフォアでストローク・エースを取る。プレッシャーがかかる大事なポイントでのプレーに意外性があり、積極的だ。錦織の初戦突破は確実と思われた。ところが「第1セット、5、6ゲーム過ぎてから腹筋が気になり出した。特にサーブのときに」と言う。錦織はナダルとクィーンズ3回戦で対戦、負けた後すぐノッティンガムに移動、予選を戦わなくてはいけなかった。1日に1回戦、2回戦と2試合を戦い勝利した後に、腹筋が痛くなったと言う。その後5日間、充分な休養を取り、ウィンブルドン本戦1回戦に臨んだのだが、途中でインジャリー・タイムを取り、腹筋の治療を始める。第2セットもお互いにサービス・キープ、第12ゲームのサーブをキープし、タイブレークに入ると思われたが、ダブル・フォルトも絡み、セットを落とす。第3セットが始まり0-40となったところで、錦織はネットに近寄り握手を求める。「第2セットに入り、やろうかやるまいか考えながらプレーしていた。チャンスがあっただけに悔しい。（3回戦まで進出し）フェデラーとプレーしたかった」と錦織。握手してからはしばらくベンチに座り、下を向いたままだった。

Scene 06
(2008) 18歳

USオープンでグランドスラム初勝利
しかも世界4位を破る快挙!

実は予選ドローに錦織圭の名前はあった。しかし予選が始まる前にヒューイットが欠場。本戦アルタネイト(ウエイティングリスト)1番だった錦織は幸運にも本戦入りを果たす。
厳しい予選を3度戦わなくてすんだ。そして1回戦では「足の前も後ろも、最後には両アキレス腱にも痙攣が、その上お腹も痛かったので勝った実感がない」と錦織。なんと第29シードのモナコに勝利。これがグランドスラム大会初勝利だった。
3回戦で世界4位のフェレールに挑戦する錦織のランキングは126位。
最後、ダウン・ザ・ラインに打ち込んだボールがウィナーになった途端、錦織はコートに崩れるように倒れ込んだ。3時間33分。錦織は、USオープンでは日本男子プレイヤーとして、実に71年ぶりに4回戦へ進んだ。

2008.8 GS
全米オープン **Result ベスト16**

1R　MONACO, Juan (ARG)　　　　6-2 6-2 5-7 6-2
2R　KARANUSIC, Roko (CRO)　　　6-1 7-5 RET
3R　FERRER, David (ESP)　　　　6-4 6-4 3-6 2-6 7-5
4R　DEL POTRO, Juan Martin (ARG)　3-6 4-6 3-6

大健闘!! 4回戦進出
しかし86年ぶりの8強はならず!

デルポトロ戦、「リードしてから、少し消極的になってしまった」と錦織は後で振り返る。勝てるぞと思った途端に、展開が変わってしまう。アルゼンチンのデルポトロは、19歳。198cm、長身のプレイヤー。このUSオープンに来るまで、4週連続優勝と乗っている選手だ。
「悔しい。体力的にというより、精神的に疲れた。体よりも頭が疲れた。デルポトロはサービスが良く、特にバック・クロスはミスを全然しなくて、ダウン・ザ・ラインにも打ってこなくて、自分はどうしていいか分からなかった」と錦織。

photo : Hiroshi Sato

Scene 06 ジャパンオープン
⟨2008⟩ 18歳

不安やプレッシャーもあったが、応援してくれる日本のファンの前でプレーできたことに大きな喜びを感じた。3回戦で惜しくもガスケ(フランス)にストレートで敗れた。2008年末63位。

で3回戦進出

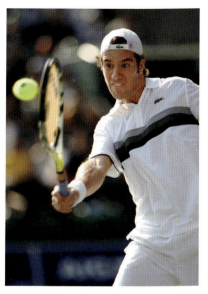

2008.9 ATP500
ジャパン・オープン

1R KENDRICK, Robert (USA)　7-6(3) 6-7(5) 6-2
2R GARCIA-LOPEZ, Guillermo (ESP)　6-4 6-4
3R GASQUET, Richard (FRA)　1-6 2-6

2008年度ATPワールドツアー最優秀新人賞を受賞

ATPツアーに参戦している全プレーヤーによる投票で選ばれる賞。同じ選手仲間から評価されたということに大きな意味がある。2008年末時点100位以内の選手で18歳1ヶ月という最も若い選手だったこと、デルレイビーチの優勝などが評価されたもの。2009年楽天ジャパンオープン開催時に授与された。

2009.3
デビスカップ

2009年デ杯の勝利に大きく貢献

2009年3月に大阪で行われたデビスカップ中国戦に出場。
日本はアジアオセアニアゾーングループ2回戦を5-0で勝利し3回戦に進出を決めた。

2009年の主な成績とでき事

- 1月 ● ブリスベン大会準々決勝。
- ● 全豪オープン1回戦
- 3月 ● デビスカップ中国戦2回戦1勝。
- ● ATPマスターズ・インディアンウェールズ1回戦。
- ● インディアンウェールズ後、怪我のためツアー離脱。リハビリに専念する。
- ● 年末ランキング418位。

錦織圭の2009年の抱負
今年はランキング50位を目標にやっていきたいと思います。特にグランドスラムではいい結果を残せるようにしたいです。好きなのに苦手になったフレンチオープンでは絶対本選に上がります！あとは怪我をしないこと。そしてコンスタントに勝っていけるようにしていきたいです。
〈FAX新聞「TennisJapan」2009年元旦号より〉

怪我によるツアー離脱、試練のとき

〈2009〉19歳

ツアーを離れ、治療、手術、リハビリとトレーニング。
2009年3月インディアンウェールズ1回戦負けを最後にこの年はツアーから離れることになった。
右腕を痛め、リハビリとトレーニングの日々が始まった。

2009年8月、IMGより以下のような発表があった。
「錦織圭は、全仏オープンの欠場後、ニューヨークのアルチェック医師のもとで行ったMRI検査の結果、『右肘の疲労骨折』との診断を受け、右肘の完治に向けてリハビリを続けておりました。しかし、どうしても右肘の痛みが取れなかったため、その痛みの原因を特定すべく、日大病院において、8月7日に内視鏡検査を実施いたしました。その結果、MRI検査では発見できなかった小さな関節軟骨の損傷(右肘後方関節軟骨損傷)とそれに伴う滑膜の炎症(慢性滑膜炎)が認められ、即座に炎症を起こしている滑膜の切除と軟骨の損傷部分の処置を行いました。そのため、軟骨の損傷部分に繊維軟骨が新しく作られ、痛みなくラケットを振ることができるようになるには、さらに6-8週間程度のリハビリ期間が必要になります(以下略)」

「一回気持ちがズドンっとおちてから何日か経って少しはマシになってきました。まだイケイケモードではないものの練習、トレーニングとしっかりこなしています。たくさんのメッセージありがとうございます!! コメントを読んでいたら『ふっ』と気持ちが楽になりました。何日か前にリハビリをやってるとトミー・ハース選手が肘に大量の包帯を巻いてリハビリ室にやってきました。彼も肘の手術とお尻の手術を最近したらしいです。2つの箇所をほぼ同時に手術するのは信じられないですし、ずっと痛めていたトミーの肩はこの何年で治ったばかりです。しかも最近調子も上がってきて詳しくは分かりませんがトップ20,30ぐらいまでいっていたと思います。なのにまた手術して復帰に挑む姿を見て尊敬するばかりです。尊敬というか…。今はただ単にこの人すごいなーと思うしかありませんでした。トミーを見てて思ったのはこれだけつらい思いを何回も繰り返しているのに今はもう次を見ている気がします。経験も多少はあるんでしょうがこの人は気持ちが強いなーと思いました。彼の仕草や表情を見ていてもこの人本当に怪我人かって思うぐらい生き生きしてるというか、強そうなオーラ放ってます。この強さが今は欲しいです。」(2010年3月30日「錦織圭オフィシャルブログ」より)

Scene 08
〈2010〉20歳

ATPランク外から再始動、カムバックへの道

photo：福田泰雄

2010.2 ATP250
デルレイビーチ国際 Result 1回戦　　1R　BECKER, Benjamin (GER)　3-6 6-1 0-6

2010年の主な成績とでき事

2月　●898位でデルレイビーチ国際に出場するが1回戦負け。
3月　●22日ランキング消滅。
5月　●サバンナ・チャレンジャー優勝。
　　　●サラソタ・チャレンジャー優勝。
　　　●全仏オープン2回戦。
6月　●イーストボーン4強。
　　　●ウィンブルドン1回戦（ナダル）。
8月　●USオープン予選から勝ちあがり32強。
　　　●ビンガムトン・チャレンジャー優勝。
11月　●ノックスビル・チャレンジャー優勝。
　　　●年末ランキング98位。

錦織圭の2010年の抱負

去年は怪我で苦悩した1年でしたが、怪我も治り復帰も近いので、今年は去年の分も頑張りたいと思います。応援よろしくお願いします!!!　〈FAX新聞「TennisJapan」2010年元旦号より〉

復帰戦はデルレイビーチ、2010年2月

**1回戦敗退はしたが感触は悪くなかった。
十分戦えるレベルにあることがわかったことが収穫だった。**

錦織圭の復帰初戦となったデルレイビーチ大会1回戦では、第3シードのベンヤミン・ベッカー（ドイツ）に3-6、6-1、0-6で敗れた。このときの本人のブログでは以下のようなコメントを寄せている。

「1回戦は第3シードの選手に負けてしまいましたが、いいニュースとしてはひじの調子がよく、3セットマッチをなんの問題もなくこなせたことです。もう一つのいいニュースは、11ヶ月間試合をしてなかったけれど、テニスのレベルがとても良かったことです。第3セットはレベルが少し落ちてしまいましたが、復帰初戦にしては全体的に悪くなかったと思います。今日は、IMGアカデミーでリハビリを続け、次の試合に向けて準備をしています。100％の状態に戻ることは簡単ではないと思いますが、これからもしっかり練習していきます。」
（「錦織圭オフィシャルブログ」より）

2010年錦織は、サバンナ・サラソタ・ビンガムトン・ノックスビルと、4つのチャレンジャーで優勝した。

「ついにというか、やっと試合に戻れる日がやってきました。この2〜3週間はかなり耐えた日々でした。いろんな事と葛藤しながら今まで過ごしていました。心が折れる一歩手前まで来ていました。試合に出る不安はありますが楽しみのほうが今は大きいです」と錦織。ルイジアナ州でのチャレンジャーでは2回勝ち8強、続くフロリダ州のチャレンジャーでも8強の活躍をした。「試合に復帰できて、とても楽しいです！」と試合をこなす毎に肘を気にする事なく、話題はテニスの事となっていった。

Scene 08
〈2010〉20歳

復帰後初めてのグランドスラムで2回戦に進出

カムバック後のグランドスラムは良いスタートが切れた。

1回戦の最後は相手のバックリターンがネットにかかり、6−4で大逆転勝ち。3時間36分の大熱戦。
「素直に嬉しい。2セットダウンのときはまさか勝てるとは思わなかった。相手がいいプレーをしていたので、ずっと振り回され続けていた。ずっと相手に主導権を握られていたので、第3セットは攻めていこうと思った。自分のペースでいって、あきらめないようにと心がけていた」「クレーは一つ勝つのに苦労するが、自分の長所を存分に使ってできるコートだと思う」
2回戦は3位のジョコビッチを相手に、ストレートで敗れたがスコア以上に対等に勝負した試合だった。
「ジョコビッチはディフェンスがうまく、リターンも深くて、自分のサービスゲームが長く感じた。もう少しフォアで攻めたかった。今は負けたことが悔しいし、自分のプレーができなかったのが悔しい」と錦織圭。

2010.5 GS
全仏オープン Result 2回戦

1R　GIRALDO, Santiago (COL)　2-6 4-6 7-6(3) 6-2 6-4
2R　DJOKOVIC, Novak (SRB)　1-6 4-6 4-6

ナダルの強さを肌で感じたウィンブルドン

2010年6月、ウィンブルドン1回戦はナダルと対戦。2-6 4-6 4-6で敗退した。

いよいよ日本の錦織圭がウィンブルドンのセンターコートに登場した。トスに勝ったナダルはレシーブを選んだ。いきなりサービス・ダウンで始まった錦織だが第4ゲーム、ナダルサーブで15-40とブレーク・チャンスが来る。前へ出てフォアボレーを決めたと思ったが惜しくもネット。第1セットはナダル。第2セット 世界No.1を相手に堂々とプレーしている錦織圭。接戦が続いたが、ナダルは強力なフォアで第2セットも取る。第3セット、大事な最初のゲームを落としてしまった。ナダルの攻撃をしぶとく拾い返すが最後スマッシュを決められた。「自分次第でもっと競れていた。セットとかスコアはもっと良くなっていたと思う。40-0、40-15からブレークされてしまい、そこに自分の甘さがある。それにしてもナダルの強さを肌で感じた。展開の速さ、あまいボールを打つとすぐ主導権を握られる。落ち着いたラリーもほとんどさせてもらえなかった。ナダルに対して負けていないところもあったと思うのでこれからまた上向きに頑張っていきたいと思います」。ストレート負けではあったが世界のトップと戦い、がんばり貴重な経験をした錦織圭だ。

2010.6 GS
ウィンブルドン Result 1回戦

1R NADAL, Rafael (ESP) 2-6 4-6 4-6

Kei Nishikori   photo：Hiroshi Sato

Scene 08
〈2010〉20歳

2011.6 ATP250
イーストボーン・オープン
Result 準決勝

1R	KIRILLOV, Evgeny (RUS)	7-5 6-1
2R	SCHUETTLER, Rainer (GER)	6-4 4-6 6-2
3R	STEPANEK, Radek (CZE)	6-2 6-3
準決勝	TIPSAREVIC, Janko (SRB)	2-6 4-6

AEGON国際オープン（英国／イーストボーン、芝）はウィンブルドンの前哨戦。シングルス準々決勝で、錦織圭（59位）は、シュットラー（118位）と、ステパネク（57位）をやぶり、準決勝進出を決めた。準決勝では、第3シードで30位のティプサレビッチと対戦し、2-6 4-6のストレートで敗れ決勝進出はならなかったがベスト4。強風で思うようにストロークができなかったようだ。この後のウィンブルドンでは1回戦でヒューイットとあたり、初戦突破はならなかった。

Scene 09
〈2011〉21歳

「プロジェクト45」達成を目指せ

2011年の主な成績とでき事

- 1月
  - ブラッド・ギルバート氏をコーチに招聘。2011年シーズンの約15大会、錦織の遠征に帯同し指導。また、IMGアカデミーのダンテ・ボッティーニ氏をフルタイムの帯同コーチとして迎えることも決まった。
  - ユニクロと5年間のスポンサー契約
  - チェンナイ8強。
  - 全豪オープン3回戦
- 2月
  - デルレイビーチ国際4強。
- 4月
  - ヒューストン決勝Sweetingに4-6,6-7で緊張のため敗れる。
  - バルセロナ16強
- 5月
  - 全仏オープン2回戦
- 6月
  - イーストボーン4強
  - ウィンブルドン1回戦
- 8月
  - マスターズ1000シンシナティ3回戦
  - ウィンストン・セーラム16強
  - USオープン1回戦
- 9月
  - デ杯インド戦2勝
  - クアラルンプール4強
- 10月
  - 楽天ジャパンオープン1回戦
  - マスターズ1000上海4強、ランキングが30位に上昇。
- 11月
  - バーゼル準決勝でジョコビッチに勝利するも、決勝でフェデラーに敗れる。
  - 年末ランキング25位

錦織圭の2011年の抱負
今年はいろんなことが新しくなり、挑戦の1年になると思います。失敗を恐れずに、前に前に進めたらと思います。今年の目標はツアーで活躍することです！一生懸命頑張るので、応援是非よろしくお願いします！
〈FAX新聞「TennisJapan」2011年元旦号より〉

2011.10 ATP500
ジャパンオープン

| 1R | FERRER, David (ESP) | 4-6 3-6 |

日本での活躍は次回に持ち越しに

2011・10 楽天ジャパンオープン…惜しくも1回戦敗退。

錦織は1回戦で、第3シードのフェレールと対戦し、4-6 3-6 で敗れた。第1セットの序盤で錦織が先にブレークしたが、中盤で追いつかれ、サービスゲームでミスが続きブレークされ4-6でセットを失った。試合後、「大事な場面でサービスエースが出たり、ミスをしない、そして集中するというのがトップ10の選手と戦っていく上での課題」と語った。第2セットはフェレールが先にブレークに成功すると、そのまま3-6でとられた。試合時間は1時間29分だった。

「楽天オープン1回戦敗退してしまいました。ここで活躍したい、しないと、といつも思っているのになかなか結果が出せません。本当に悔しいです。出だしはブレークから始まりましたが、すぐブレークバックされブレーク合戦の試合になりました。お互いリターンの方がいいのでリターンから主導権を取るのが多かったです。自分は始めから全開で調子も良かったのですが随所にアンフォーストエラーが出てしまい、なかなかゲームを取ることができませんでした。彼は本当にミスがなく、少しでも浅くなると前に入って攻撃してきます。スキが全くなかったです」
（「錦織圭オフィシャルブログ」より）

Scene 09
〈2011〉21歳

ランキング急上昇で「プロジェクト45」を超し、30位になった!

2011年10月、47位で上海マスターズに出場し、結果は4強でランキングは一挙30位になった！
この時点でプロジェクト45（松岡修造1992年7月6日付け46位）を超した。

「準決勝まできて自分の力が全部出せなかったことが悔しかったです。やはり彼（マレー）の前では自分が全力じゃないと全く歯が立ちませんでした。（中略）この大会で新しい自分のテニスも発見できましたし、自分に何が必要なのかというのもよく分かりました。たぶんこれを機に少し変われると思います。全体的に。いろいろ。30位になりましたが気負いすぎず、テニスが固まってしまわぬよう注意して、もっと上を目指します！」（「錦織圭オフィシャルブログ」より）

2011.10 ATP1000
マスターズ・上海　Result ベスト8

1R	HAASE, Robin (NED)	0-6 7-5 7-6(5)
2R	TSONGA, Jo-Wilfried (FRA)	6-7(1) 6-4 6-4
3R	GIRALDO, Santiago (COL)	7-6(6) 4-6 6-3
準々決勝	DOLGOPOLOV, Alexandr (UKR)	6-4 6-3
準決勝	MURRAY, Andy (GBR)	3-6 0-6

◆プロジェクト45
松岡修造の最高ランキング46位（1992年7月）を切るために名付けた錦織圭プロジェクト。2009.2/2、56位となり50位入りが見えてきたが、怪我などで2010年3月8日、897位を最後にポイントがゼロになり、ランキングリストから錦織圭の名が消えた。2010年4月19日、799位でカムバック、2010年末には98位に戻す。2011年5月2日には松岡修造の46位と並び、プロジェクト45にあと一息となる。2011年10月17日、ジャパンオープンではフェレールに1回戦負けだったが、続く上海マスターズでツォンガなどを破り4強。なんと一気に30位になった！

2011.10 ATP500
スイス室内選手権　Result 準優勝

1R	BERDYCH, Tomas (CZE)	3-6 6-3 6-2
2R	SEPPI, Andreas (ITA)	6-3 7-6(4)
準々決勝	KUKUSHKIN, Mikhail (KAZ)	6-4 5-7 6-4
準決勝	DJOKOVIC, Novak (SRB)	2-6 7-6(4) 6-0
決勝	FEDERER, Roger (SUI)	1-6 3-6

憧れのフェデラーと対戦

この大会で錦織圭はナンバーワンのジョコビッチを2-6, 7-6(4), 6-0で破る快挙。
しかし、決勝でフェデラーに1-6, 3-6で敗れるショック。

「試合前から負けていたと」と後でチャンに指摘された一戦。「憧れ、尊敬しているフェデラーであっても、一旦コートに入ったら勝つ事を考えろ！」とチャン。（P105）

「決勝負けてしまいました。完全に負け惜しみですが実力の半分も出せませんでした。これがフェデラーの強さですね。久しぶりに力の差を見せつけられた試合でした。（中略）こんなに強いのか一、と試合後は少しショックも受け、トップにいく道のりまだまだ遠いな……さえも思いました。しかしこの大会が始まる前には決勝に上がることなど想像もしてなかったのでびっくりです。」（「錦織圭オフィシャルブログ」より）

Scene 09
⟨2011⟩ 21歳

マイアミ大会の前にウォズニアッキとアザレンカが代表で日本に激励のメッセージ。

錦織選手の部屋に貼ってある言葉。

東日本大震災に世界のプレーヤー達が立ち上がった

2011年3月11日、東日本大震災が起こる。ちょうどカリフォルニア、インディアンウェールズで男女共催のマスターズシリーズ大会が行われていたときだった。東日本大震災のために何かできないか?と世界中のプレーヤー達が"Tennis for Japan"と立ち上がる。その行動は次週マイアミで実現する。まず、ATPのプレーヤー達が3月23日水曜日の夜、地元プロサッカーチームFort Lauderdale Strikersとのチャリティ・エキシビション試合をやる。ナダル、ジョコビッチ、マレー、ロペスなどなど、もちろんサッカー大好きな錦織圭も参加した。試合後はチャリティ・ディナー、そこで$100,000（1千万円）を越える寄付が集まる。マイアミオープン期間中は一般観客からの寄付だけでなく、世界のテニス組織から寄付が集まり、その金額は$300,000（3千万円）を越え赤十字を通じて日本に寄付された。世界でプレーしているプレーヤー達はいろいろな社会貢献イベントを積極的にやっている。

「ちょうどインディアンウエールズの1回戦の前の夜に日本での災害を知りました。日本ではたくさんの人が家を失い、家族、友人を失っているのを目の当たりにして、その中で試合に臨むのは胸が痛みましたが僕にできるのは全力でプレーすることだと思いプレーしました」「自分に何かできることがないか毎日考えています」「今日本で必要な物や助けになるもの僕にできそうなこと。僕にできることであれば必ず何か手助けをしたいです」「人間の本当の強さは何度転んでも起き上がれる事。どんな状況になっても人は必ずそこから立ち上がることができる。どこかで誰かが言ってました。僕の部屋の壁にずっと貼ってあります。つらい現状だとは思いますが、今は勇気、人を思う気持ち、が大事だと思います。大変だとは思いますがここを乗り越えてまた幸せな日々を過ごせるよう頑張りましょう!!」（2011年3月14日「錦織圭オフィシャルブログ」より）

2011.11
有明ドリームテニス

ドリームテニスでマイケル・チャンと出会う

2011年11月、東日本大震災復興チャリティ"ドリームテニスARIAKE"が開催され、錦織圭、マイケル・チャン、松岡修造、鈴木貴男、クルム伊達公子、杉山愛、国枝慎吾が出場した。

このときのマイケル・チャンとの出会いが縁で、後にコーチを引き受けてもらうことになった。

Scene 10
〈2012〉22歳

勝利が何よりの
自信になっていく

2012年主な成績とでき事

- 1月 ● 全豪オープン8強
- 3月 ● マスターズ1000マイアミ16強
- 4月 ● マスターズ1000モンテカルロ16強
  - ● バルセロナ8強
  - ● バルセロナの大会で左腹斜筋肉離れをおこし、マドリードとローマの大会を欠場し、リハビリを続けたが万全でなかったため全仏オープンも欠場することになった。
  - ● 日清食品との所属契約を発表。長いスパンを考えた契約。
- 6月 ● ウィンブルドン32強
- 7月 ● アトランタ準々決勝で添田豪に敗れる。
  - ● ロンドンオリンピック8強
- 8月 ● マスターズ1000シンシナティ16強
  - ● USオープン32強
- 9月 ● クアラルンプール4強
- 10月 ● 楽天ジャパンオープン優勝
  - ● マスターズ1000パリ16強
- 12月 ● ブリスベン準決勝
  - ● 年末ランキング19位

錦織圭の2012年の抱負

いつもたくさんの声援ありがとうございます！
昨年は大きな飛躍をとげましたが
今年は更に上のレベルにいけるよう精進します。

2012年 元旦 錦織圭

2012.1 GS
全豪オープン Result ベスト8

1R	ROBERT, Stephane (FRA)	6-1 7-6(7) 6-0
2R	EBDEN, Matthew (AUS)	3-6 1-6 6-4 6-1 6-1
3R	BENNETEAU, Julien (FRA)	4-6 7-6(3) 7-6(4) 6-3
4R	TSONGA, Jo-Wilfried (FRA)	2-6 6-2 6-1 3-6 6-3
準々決勝	MURRAY, Andy (GBR)	3-6 3-6 1-6

Scene 10
〈2012〉22歳

ツォンガに勝って全豪ベスト8に!

2012.1 GS
全豪オープン Result ベスト8

2012年1月全豪オープン8強。4回戦でフルセットの末ツォンガ（当時6位）に勝ちベスト8となった。

30度を越える猛暑の中、22歳になったばかりの錦織は3時間半の激戦の末、世界6位のツォンガをフルセットで破り、4大大会で初めて8強となった。1973年テニスのオープン化後、日本男子としては95年ウィンブルドンの松岡修造以来、17年ぶり。オーストラリアン・オープンでは1932年に佐藤次郎が4強、布井良助が8強に進んで以来実に80年ぶりの快挙だ。松岡修造は8強を決めた時、大声をあげコートを飛び回りコートに大の字になり喜んでいたが、錦織は冷静にツォンガの動きの逆をついたボールを放ち勝利を決めると両手をあげ、自分でも「信じられない」と手にあったラケットを放り上げた。
準々決勝では、3-6,3-6,1-6でマレーに敗れた。

「完敗のような……チャンスもあったような。以前の対戦より確実に良かったですが、まだまだ勝つには至らなかったですね。このトップ4相手に勝てる日がくるのか、今はまだ想像がつきません……。でも今は正直にこの結果を喜びたいと思います。
（「錦織圭オフィシャルブログ」より）

クルム伊達公子選手と組んで、ワイルドカードにてミックスダブルスにも出場した。

ミックスダブルスの結果
1R　SCHWANK, E (ARG) /DULKO, G (ARG)　6-4 6-1
2R　BRACCIALI, D (ITA) /VINCI, R (ITA)　3-6 6-7(6)

Scene 10
〈2012〉22歳

ナダルにサービスキープを
14分もかけさせた

　錦織圭対ナダルの4回戦、錦織はナダルの得意とするフォアをあえて攻め続けたが最強のディフェンス力を誇る元王者の壁は崩せなかった。ナダルとはこれが4度目の対戦。ナダルのサービスゲームから始まったが、4回ブレーク・ポイントを逃れ、ナダルは5回のジュースの末にキープした。なんとこの最初のゲームだけで14分もかかっている。大善戦した錦織だったが残念ながら敗戦。「意識的にナダルのフォアを攻めた」と錦織。ナダルのフォアを攻める? ナダルはフォアが得意なのに?「ナダルのフォアは破壊力がある、バックはディフェンス力がある。ディフェンス力のあるバックを攻めても攻め切れない。あえてナダルの得意とするフォアを攻めた」と言う錦織。「あんなに返されると」とポツリと言った。しかし世界の強者にあえてその最強ポイントを攻めて立ち向かう姿勢はきっといつか報われる事だろうと感動を覚えた一戦だった。

2012.3 ATP1000
マスターズ・マイアミ
Result 4回戦

2R　LACKO, Lukas (SVK)　6-3 6-3
3R　ROSOL, Lukas (CZE)　6-4 6-2
4R　NADAL, Rafael (ESP)　4-6 4-6

腹筋の怪我からの復帰戦。痛みなく戦えたことが嬉しい!

錦織圭が2回戦でフランスのセラを 6-3 7-5 6-2 で破り32強になった。ウィンブルドンでの日本人プレイヤーとしての32強は1995年松岡修造が8強になって以来の事だ。
3回戦、錦織は16強入りをかけて09年のUSオープンチャンピオンのデルポトロと対戦したが、残念ながらストレートで敗れた。第1セットはデルポトロのペースだったが、第2セットに入り錦織のいろいろとペースやコースを変えたりする多彩なテニスをデルポトロは嫌がっていた。
「デルポトロ強かったです。球が速く、深く、重かったです。そしてリーチもあるので自分がどんなに強打してもなんなく返され彼のリズムにはまっていってしまいました。2回戦同様サーブの調子が悪く、セカンドサーブだけで試合してるような感覚さえありました。やはり芝では自分のサーブで優位に立てないと厳しいです。特にファーストサーブ。練習不足といったらそれまでなんですが、腹筋のこともありサーブだけはなかなか練習できませんでした。フォームも少しぎこちないというか、しっくりきてない感覚があります。しっかり見直して来週からの大会に備えないといけません。復帰戦とはいえ、少しは期待してた自分もいたのでもう少しイイ結果が欲しかったです。(中略)でも腹筋の痛みが消えたのは本当に嬉しいです!!この苦労した2ヶ月を思えば、痛みなくプレーできてるだけで幸せです。」(「錦織圭オフィシャルブログ」より)

Scene 10
(2012) 22歳

2012.6 GS
ウィンブルドン Result 3回戦

1R	KUKUSHKIN, Mikhail (KAZ)	7-5 6-3 6-4
2R	SERRA, Florent (FRA)	6-3 7-5 6-2
3R	DEL POTRO, Juan Martin (ARG)	3-6 6-7(3) 1-6

Scene **10**
〈2012〉22歳

2012.7
ロンドン・オリンピック
Result ベスト8

シングルス
1R	TOMIC, Bernard (AUS)	7-6(7) 7-6
2R	DAVYDENKO, Nikolay (RUS)	4-6 6-4 6-1
3R	FERRER, David (ESP)	6-0 3-6 6-4
準々決勝	DEL POTRO, Juan Martin (ARG)	4-6 6-7(4)

ダブルス(パートナー添田豪)
1R	FEDERER, R (SUI) /WAWRINKA, S (SUI)	7-6(5) 4-6 4-6

写真:青木紘二/アフロスポーツ

写真：AP/アフロ

錦織圭/添田豪組は北京オリンピックの金メダルペアーのフェデラー/ワウリンカ組とファイナル・セットに縺れる大接戦。マッチ・ポイントも逃れしぶとく食い下がっていたのだが。
写真：ロイター/アフロ

村上武資オリンピック監督、伊藤竜馬、錦織圭、添田豪

ロンドン・オリンピック、日本の男子は3人が出場！

テニス競技は歴史あるウィンブルドンで行われた。白のウエアーを着用しなくてはテニスができないトラディショナルの会場が、オリンピックの期間中だけは各国のナショナルカラーのウエアーの着用を許した。

シングルスは男女とも64人で争われる。1ヶ国、地域から4人まで出場可能で、6月11日付の世界ランクで、この条件などに合った上位56選手が優先的に出場資格を獲得する。なんと日本男子は錦織圭だけでなく、添田豪、伊藤竜馬と3枠を獲得した。（残念ながら日本女子はゼロだった）

1回戦はオーストラリア期待の19歳、トミックを両セット共にタイプレークの接戦で破り、2回戦はロシアのベテラン、ダビィデンコと対戦。雨のために3時間中断。再開後、第1セットを取られるピンチから見事 4-6 6-4 6-1 と逆転勝ちを飾った。3回戦では第4シード、世界5位の D・フェレールと対戦した。

1番コートに予定されていた試合は雨などもあり進行が遅れ、結局14番コートに移され、19時から始まる。フェレールとのベスト8入りをかけた試合は予想通りの大接戦、ファイナル・セット5-4となる。勝利まであと1ゲームだが、もう21時、日没になりかけている。スーパーバイザーがコートに現れた。なんとここで二人がコートから消えた！ 日没順延になったのだろうか？ 他の8強はもう決まっている。なんと！照明施設のあるセンターコートに移された。コートが途中から変わるのはめったにない事だが。フェレールのサーブを錦織は積極的なプレーで破り、センターコートに移りわずか3分41秒で勝利を決めた。翌日、4強入りをかけて第9シードのデルポトロと対戦したが、大接戦の後、残念ながら敗れた。1ヶ月前、腹筋の怪我からのツアー復帰をした錦織、それを考えればプレッシャーのかかるオリンピックでの8強は素晴らしい成績。

Scene 10
〈2012〉22歳

チリッチとの対戦は
ボブ・ブレットの愛のムチか!

　1歳年上のチリッチとは、1歳年下のラオニッチと共に節目、節目でよく対戦する。当時チリッチのコーチはボブ・ブレットだった。ボブは松岡修造が尊敬するコーチ、修造チャレンジでも毎年来日している。ボブは小6からの錦織を知っている。チリッチに錦織の良さを出させない作戦できたのだろう。「フォアはミスが多くて狙われた。バックも高いところで打たされ、一定のリズムで打てなかった」と錦織。弱点を指摘されて初めてプレーヤーは育っていく。ボブの愛のムチの一戦のように感じた。
　ネットに出た錦織、チリッチのパスはネットにはね、コースが変わり錦織の横を抜けてイン!　アン・ラッキーなポイントも大事なところであった。
　2010年USオープン2回戦では錦織が5時間の激戦の末に錦織が逆転勝ちをしていたのだが、これからも名勝負は続くだろう。

2012.8 GS
全米オープン Result 3回戦

1R ANDREOZZI, Guido (ARG) 6-1 6-2 6-4
2R SMYCZEK, Tim (USA) 6-2 6-2 6-4
3R CILIC, Marin (CRO) 3-6 4-6 7-6(3) 3-6

《錦織圭vsチリッチ対戦成績　5勝3敗》

2008年	マスターズ・インディアンウェールズ	●2-6 4-6
2010年	全米オープン	○5-7 7-6(6) 3-6 7-6(3) 6-1
2011年	マスターズ・シンシナティ	○4-6 7-6(0) 6-2
2012年	全米オープン　3回戦	●3-6 4-6 7-6(3) 3-6
2013年	全米室内 準々決勝	○6-4 6-2
2014年	ブリスベン準々決勝	○6-4 5-7 6-2
2014年	バルセロナ準々決勝	○6-1 6-3
2014年	全米オープン　決勝	●3-6 3-6 3-6

Scene 10
〈2012〉22歳

ツアー 2勝目は 楽天ジャパン・オープン

目標にしていた日本での優勝は格別に嬉しい!

○8)錦織圭 7-6(5) 3-6 6-0 ● 6)M Raonic(CAN)

錦織圭が見事ジャパンオープンで優勝した。1973年ATP(世界男子プロテニスツアー)の公式戦になって以来初の日本人プレイヤーの優勝だ。楽天ジャパンオープン 決勝戦は男子ツアー最高のサーブを持っている男と最高のリターンをする男の勝負となった。最高のサーバー、ラオニッチは21歳、最高のリターナー錦織圭は22歳。今年、今日まで男子世界ツアーは58の大会が世界各地で行われたがもっとも若い者同士の決勝戦となった。雨もやみ、コロシアムの屋根が開いた。三階席まで観客でいっぱい。有明コロシアムがこんなにいっぱいになるのは、フェデラーが初来日した時以来だ。

「この大会の優勝は目標にしていましたがまさか今年達成できるとは思ってもいませんでした。やはり日本での優勝は格別に嬉しいです!!最後にツアーを優勝したのが2008年で4年の間この瞬間を待ちわびていました。09年には肘の手術もして1年テニスができない時期があってこのような時がくるのは想像もできなかったので。やはり1回戦がキーでしたね。添田くんとの試合。今大会で一番緊張したかもしれません。その試合を乗り越えれたのが大きかったですね。2回戦もまだぎこちない感じでしたけど3回戦からは、サーブもリターンも調子が上がってきて自信を持ってプレーすることができました。もちろん決勝は緊張しましたが、その中でも充分な良いプレーができたと思います。」(「錦織圭オフィシャルブログ」より)

2012.10 ATP500
ジャパンオープン　Result 優勝

1R	SOEDA, Go (JPN)	4-6 6-2 6-3
2R	ROBREDO, Tommy (ESP)	5-7 6-1 6-0
準々決勝	BERDYCH, Tomas (CZE)	7-5 6-4
準決勝	BAGHDATIS, Marcos (CYP)	6-2 6-2
決勝	RAONIC, Milos (CAN)	7-6(5) 3-6 6-0

ダブルス(パートナー MONACO, J (ARG)

1R	GONZALEZ, S (MEX) /LIPSKY, S (USA)	7-6(1) 6-3
準々決勝	BRACCIALI, D (ITA) /CERMAK, F (CZE)	1-6 6-7(2)

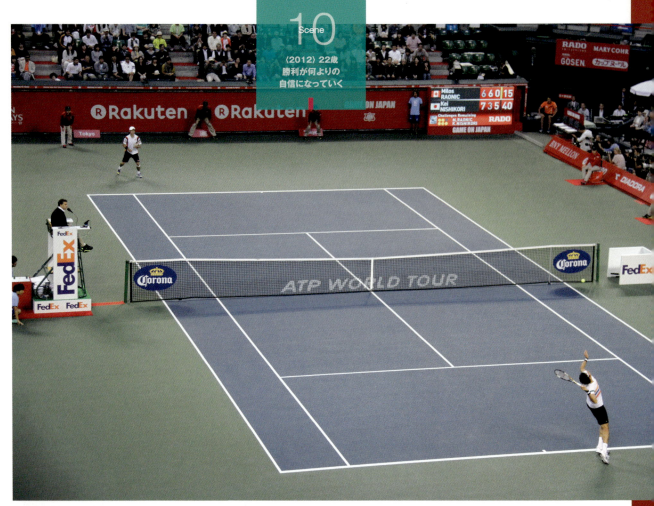

Scene 10
〈2012〉22歳
勝利が何よりの
自信になっていく

　錦織は、ツアー2勝目を見事ジャパンオープンで飾った。初優勝は2008年デルレイビーチ、18歳の時だった（18歳と1ヶ月18日）。その年はUSオープンで世界4位のフェレールを破り16強、2008年末のランキングは63位とトップ100入り、順調に成績を残した。しかし、2009年右肘の故障そして手術。「またテニスができるのか？」と悩んだ時期もあったと言う。そんな辛い時を乗り越えての優勝だ。

2012.10 ATP500
ジャパンオープン **Result** 優勝

Victory -2nd

Kei Nishikori | 83

2013.1 GS
全豪オープン Result 4回戦

1R HANESCU, Victor (ROU)　6-7(5) 6-3 6-1 6-3
2R BERLOCQ, Carlos (ARG)　7-6(4) 6-4 6-1
3R DONSKOY, Evgeny (RUS)　7-6(3) 6-2 6-3
4R FERRER, David (ESP)　　2-6 1-6 4-6

Scene 11
(2013) 23歳

トップテンが見えてきた!
全豪で前年に引き続きベスト16を達成

シードを守って当たり前、ベスト16では満足できないレベルにきた。

この年の全豪オープンでは、錦織圭が前年に続き4回戦へ進出、16強となった。「第16シードでベスト16はいい意味で舞い上がっていない」。実力のバロメーター、ランキング制度によりシードされたら、シードを守り勝ち上がっていくのは勝負の世界で生きているプロフェッショナルとしては当然のことだ。錦織圭は気負いもなくそう自然と言葉にした。プロテニスプレイヤーとしての風格も出てきた錦織圭。オーストラリアン・オープンで3年連続3回戦に進出し16強を決めた貫禄を感じさせる試合運びだった。

8強入りをかけたフェレールとの4回戦で錦織圭は素晴らしいプレーを見せた。第4シード、世界5位のフェレールに対してゲームを支配していた。フェレールのサーブで始まったオープニング・ゲームで2度、第3ゲームで3度のブレーク・チャンスがあったが、それが生かせなかった。そのうちの1ポイントでも先に取れていたら試合の流れはガラリと変わっていただろう。誰もがそう感じた一戦だった。しかし膝が完璧でない中、よく戦い抜いた。全豪オープンでの2年連続8強入りはならなかったがシードを守ってのベスト16は立派だ。

「ベスト16に入ってもほとんど嬉しくないっていうのは自分に責任感というか、もっとできる!!と思えてる証拠でしょうね。」(「錦織圭オフィシャルブログ」より)

フェレール戦では、どんなに攻めてもしぶとく取られ焦ってしまったようだ、と反省のコメントをあげている。もはやベスト16では満足できないレベルに到達している。

2013年の主な成績とでき事

2012年12月末	● ブリスベン4強	5月	● マスターズ1000マドリード8強。6-4,1-6,6-2でフェデラーを破る。	8月	● USオープン1回戦
1月	● 全豪オープン16強			9月	● 楽天ジャパンオープン8強
2月	● メンフィス優勝(ツアー3勝目)		● 全仏オープン16強	10月	● マスターズ1000上海16強
3月	● マスターズ1000マイアミ16強	6月	● ウィンブルドン32強		● マスターズ1000パリ16強
					● 年末ランキング17位

Scene 11
〈2013〉23歳

ATPツアー3勝目を
メンフィスで達成

アメリカ、メンフィスで行われた全米室内選手権。
錦織圭が決勝でスペインのロペスを6-2 6-3で破り優勝した。

錦織圭が歴史ある全米室内選手権に優勝し、ボルグ、コナーズ、マッケンロー、エドバーグ、サンプラス、アガシ、ロディックなどのチャンピオンリストに名を刻んだ。

錦織にとっては全豪オープン以来約1ヶ月ぶりの大会、今シーズンはまだまだ体調が完璧ではないがその中を戦い抜いた。「自分は悪いプレーをした訳ではない。圭のプレーは最初からアグレッシブで素晴らしかった」。と決勝で敗れたロペス。その言葉が圭の素晴らしいプレーぶりを物語っている。

錦織は、2008年のデルレイビーチ国際テニス選手権と、昨年の楽天ジャパンオープンの2大会でタイトルを手にしており、今回の優勝で通算3度目のタイトルを手にすることとなった。この優勝でランキングも16位前後にカムバックする。

「全豪終わってからというもの膝の調子が良くなくあまり練習はできていませんでした。トレーニングはしっかりできてたけどテニスの練習はポイント練習はほとんどやってきませんでした。正直ここに来るかどうかも迷ってた時もあったので、来て良かったです。（笑）今日の試合はほぼ完璧な試合内容でした。サーブも充分良かったですし、リターンが特に冴えてましたね。ロペスはサーブが良く更に左利きなのでタイブレークまでいくか、ずっと油断できないと思ってたなかリターンが良く相手にどんどんプレッシャーをかけていけたと思います。」（「錦織圭オフィシャルブログ」より）

Victory -3rd

2013.2 ATP500
全米室内テニス選手権 Result 優勝

1R	MARCHENKO, Illya (UKR)	6-4 7-5
2R	YOUNG, Donald (USA)	6-3 6-3
準々決勝	CILIC, Marin (CRO)	6-4 6-2
準決勝	MATOSEVIC, Marinko (AUS)	6-4 RET
決勝	LOPEZ, Feliciano (ESP)	6-2 6-3

photo : Ron Angle

Scene 11
〈2013〉23歳

子どもの頃から憧れていた
フェデラーに勝って8強

歴史的快挙。「アイドルに勝つ」という夢の勝利にも満足できない心情を吐露。

スペイン・マドリードで開催されたマドリード オープンにおいて錦織圭がロジャー・フェデラーに勝った。後々、日本のテニス史に残るであろう歴史的瞬間だ。
錦織圭 6-4 1-6 6-2
錦織はフェデラーと2011年、バーゼル決勝で対戦している。準決勝でジョコビッチを破って勢いのあった錦織だったが、そのときにはフェデラーにストレートで敗れた。この試合で自分のテニスをさせてもらえなかったのはショックだったようだ。今回錦織圭はテニスを始めてからの夢の一つ、子供の頃からのアイドルである、「フェデラーに勝つ」という夢を実現した。すばらしい快挙なのだが本人の中では満足していないコメントをブログにあげている。

「正直試合内容は100点ではなかったです。彼も僕も。」「この勝利を本当に勝利とカウントしていいのか…、勝ったあとも少しもやもやはあります。どこか満足してない部分があるんだと思います。」(「錦織圭オフィシャルブログ」より)

チャンスがあってもしっかりと勝ち切る事は難しいものだ。そのチャンスをしっかりとものにした錦織圭は素晴らしいと思う。夢のような勝利に浮かれる事がない錦織圭は勝負師として凄い。

2013.5 ATP1000
マスターズ・マドリード Result ベスト8

1R	MELZER, Jurgen (AUT)	6-3 6-2
2R	TROICKI, Viktor (SRB)	7-5 6-2
3R	FEDERER, Roger (SUI)	6-4 1-6 6-2
準々決勝	ANDUJAR, Pablo (ESP)	3-6 5-7

2013.5 GS
全仏オープン
Result 4回戦

1R LEVINE, Jesse (CAN)   6-3 6-2 6-0
2R ZEMLJA, Grega (SLO)   6-1 5-7 6-1 6-4
3R PAIRE, Benoit (FRA)   6-3 6-7(3) 6-4 6-1
4R NADAL, Rafael (ESP)   4-6 1-6 3-6

Scene 11
(2013) 23歳

全仏で初めての4回戦進出。
錦織圭対ナダルが実現

錦織圭は3回戦で第24シード、フランスのペールを破り16強となった。日本人男子プレイヤーとして全仏（フレンチ選手権及びフレンチオープン）では1938年の中野文照以来75年ぶりの快挙となった。4回戦ではクレーコートの王者、ナダルに挑戦した。何しろフレンチオープンではデビューから9年間でたった1敗しかしていない。その王者に「自分のプレーを貫き、リスクを覚悟で勝ちにいく」と言い戦い抜いた。ストレート負けの完敗だったが錦織圭の才能と可能性を感じさせる一戦だった。

「全仏では自身初めてのベスト16なので嬉しいです。今までー番苦労してきた大会でしたが毎年良くなってるのを感じます。なかなか大ジャンプとはいきませんがクレーでもしっかり戦えてきてると思います。やはりナダルは強かった。（中略）ストロークではもうちょっと前に入っていってバックのクロスやカウンターなどを使っていきたかった。最初の数ゲームはいい立ち上がりで作戦もうまくいってたと思いますが彼の重いボールをバックに集められると想像以上にきついものがありました。」（「錦織圭オフィシャルブログ」より）

photo：Hiroshi Sato

悔しい逆転負け。でも大事なことに気づいた試合

錦織圭がセピに逆転負けを喫した。1–1のセットオール後、第3セットをタイブレークの末に取った錦織。しかしセピの攻撃に押され「気持ちが守り気味になっていた」と言う。この年のセピはフルセット・スペシャリストと言われていた。この年5セットマッチを6回やり6回とも勝利した。全豪オープンでは2、3回戦、全仏でも1、2回戦、そしてこのウィンブルドンでも1回戦、その間にはデ杯カナダ戦ではプレッシャーの中、2セットダウンからの逆転勝ちを収めている選手だった。

「やはり5セットで負けるのは精神的にも体にもダメージが多く、もちろん3回戦突破と去年と同じ成績というのも悔しいです。昨日は久しぶりに精神的に疲れてしまいました」

「今回試合中に気づいたことなんですけど、緊張っていうと何かもやもやした物っていうイメージがありますが、緊張っていうのは全て自分でコントロールできるもんなんだなと。今更ながらに思いました。緊張する理由っていうのはいろんな所からきていますが、試合に勝ちたい、負けられない、いいプレーができるかな? まぁあげれば100こぐらいでてきます。それも全部自分自身が作り上げてること。今回久しぶりに思いましたが、勝負事っていうのはやはり楽しいなと。試合中に考えてました。まずは勝つことよりも自分の全てをコートに置いてくる。このシンプルな考え以外他には必要ないんだなと。

後は楽しむこと。そして勝ちたい、負けたくないという気持ちが最後の一歩を後押ししてくれる。意外とシンプルな考えで整理はつくんだということを再認識しました。人から聞いた言葉なんですけどいつも頭に入れてる言葉があります。『緊張してるということは自分が戦闘モードに入ってるということ』なので緊張してない方がおかしいわけです。まぁそんな感じです。なんとなく書いてみました。勝負の世界で、しかもグランドスラムの舞台でこういう風に思えた自分が少し嬉しかったのもあります。」(「錦織圭オフィシャルブログ」より)

2013.6 GS ウィンブルドン Result 3回戦

1R	EBDEN, Matthew (AUS)	6-2 6-4 6-3
2R	MAYER, Leonardo (ARG)	7-6(5) 6-4 6-2
3R	SEPPI, Andreas (ITA)	6-3 2-6 7-6(4) 1-6 4-6

photo: Hiroshi Sato

Scene 11
〈2013〉23歳

2013.10 ATP500
ジャパンオープン Result ベスト8

1R MELZER, Jurgen (AUT)   6-7(4) 7-5 6-2
2R LOPEZ, Feliciano (ESP)   7-6(4) 6-0
3R ALMAGRO, Nicolas (ESP)   6-7(2) 7-5 3-6

ベスト8ではもう満足できない

楽天ジャパンオープン4日目。8強が出そろい、錦織圭、デルポトロ、ラオニッチなどが準々決勝に進出した。8強になった錦織だが、試合後の記者会見で「嬉しくない」と言う。第1セットで思うようなプレーができなくて嬉しくなかったのか？と思ったが、そうではなく、「もっと上に行かないと喜びもわいてこないのかな？」と自分の感情を説明した。昨年のチャンピオンとして8強ではまだまだ満足できないのだ。5日目、準々決勝、昨年のチャンピオン、第4シードの錦織圭は残念ながら第6シードのアルマグロ（スペイン）に敗れた。勝負はどちらに転ぶかわからない展開だったが、第9ゲーム、錦織に異変が。「腰が、打った後にポジションに戻れないくらい痛くなった」。残念ながら最後は本来の力が出しきれず敗れ去った。錦織は内山靖崇と組み第3シード、ダブルス・ランキング6位のドディック（クロアチア）／メロ（ブラジル）組と対戦。世界屈指のダブルスペアー対してオープニング・ゲームでいきなり15-40とブレーク・チャンスを掴むなど大健闘したが 4-6 1-6 で敗れた。

＜ダブルス1回戦＞
●錦織圭／内山靖崇 4-6 1-6 ○3)DODIG(CRO)/MELO(BRA)

Scene 12
〈2014〉24歳

M・チャンのコーチング。
そして始まった、快進撃。

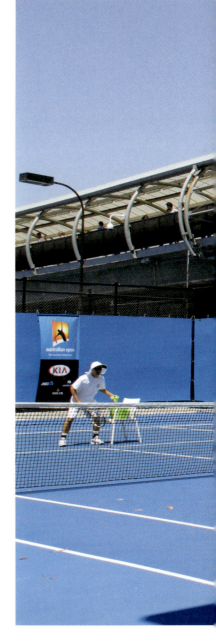

「より強くなりたい！ もっとランキングを上げたい！」と感じた錦織圭は2014年シーズンからマイケル・チャンをコーチに迎え入れた。錦織のコーチ、ダンテ・ボッティーニは、それまでと変わらずツアー・コーチとして錦織に帯同する。チャンは主にグランドスラム大会や大きな大会で錦織を支えることになった。

マイケル・チャンは41歳（2014年1月時点）。1989年、17歳と3ヶ月という最年少で全仏オープンを制した。ツアー優勝回数は34、偉大なプレーヤーでありファイターだ。チャンの身長は175cm、錦織は178cmとほぼ同じ、両者共に最後まで勝負を諦めないファイター、プレースタイルも似ている。錦織はチャンの貴重な経験からの言葉を聞き、トッププレーヤーになるために必要なアドバイスを受けることとなった。

「この2週間やってきて今までにないものをたくさん教えてもらいました。僕の中ではびっくりするほどの収穫量でした。」「彼が言う1つ1つのことが納得できてプラスの方向に向かっていると確信できます。だいたいですが10こ以上直されたところがあります。」（「錦織圭オフィシャルブログ」より）

2014年の主な成績とでき事

2013年末	● マイケル・チャン氏をコーチに招聘。		● 全仏オープン1回戦
1月	● 全豪オープン16強	6月	● ウィンブルドン16強
	● デ杯カナダ戦。ワールドグループ1回戦。単複3連勝。日本は初のワールドグループ8強へ。	8月	● USオープン準優勝
		9月	● マレーシア優勝
2月	● メンフィス優勝	10月	● 楽天ジャパンオープン優勝
3月	● ATPマスターズ1000マイアミ4強	11月	● ATPマスターズ1000パリ4強
4月	● バルセロナ優勝		● ATPワールドツアーファイナルズ準決勝
5月	● ATPマスターズ1000マドリード準優勝		● 年末ランキング5位。

錦織圭の2014年の抱負

2013年もたくさんの応援ありがとうございました。ファンの皆さんの温かいご声援とスポンサーさんのサポートでいつも元気にテニスができています。これからもますます強くなるよう精進し世界のトップを目指すので是非変わらぬサポートよろしくお願いします！
〈「錦織圭オフィシャルブログ」2014年1月1日より〉

2014.1 Exhibition
クーヨン・クラシック
Result 優勝

男子テニスのエキシビション大会、クーヨン・クラシック（正式名AAMIクラシック）のシングルス決勝で、世界ランク17位の錦織圭は同7位のT・ベルディッヒ（チェコ）を6-4, 7-5のストレートで破り見事優勝を飾った。この大会、過去の優勝者はフェデラー、サンプラス、アガシ、ロディック、エドバーグ、キャッシュなどなど偉大なプレーヤー達。
今年から錦織のコーチとなったチャンも95、96、97年と3連勝している大会だ。
「この優勝カップに自分のコーチ、チャンと共に名前を刻む事ができるなんて、非常に名誉なことだ。今日は幸運にもまた頂いたチャンスをいかし、優勝できて嬉しい」と錦織圭。

2014.1 GS
全豪オープン
Result ベスト16

1R	MATOSEVIC, Marinko (AUS)	6-3 5-7 6-2 4-6 6-2
2R	LAJOVIC, Dusan (SRB)	6-1 6-1 7-6(3)
3R	YOUNG, Donald (USA)	7-5 6-1 6-0
4R	NADAL, Rafael (ESP)	6-7(3) 5-7 6-7(3)

全豪4回戦でナダルと激闘、惜しくも敗れる

4回戦は第1シード、世界1位のR・ナダル（スペイン）と大接戦を繰り広げたが残念ながら6-7(3),5-7,6-7(3)で敗れた。敗れてしまったが、錦織圭の可能性を感じさせる感動の試合だった。試合後のインタビューでは、以下のように話した。
「体がきついなと感じた場面はほとんどなかった。体が強くなっている感じがする。痛いところがなく、戦えている。以前は4回戦まで来ると体がきつかったが、今は体は強くなっていると思う」「5-4（サービング・フォー・ザ・セットのチャンスでは）簡単なフリーポイントがなかったので、自分から取りにいった。焦った気持ちもあったかもしれない。悔いの残らないように打って行こうと思っていた」「今日は正直何が悪くて負けたのか？わからない。コーチ（のチャン）と話をして次の対策を考えていきたい」「こういうところを簡単に取らせてくれないのが、トップだと思う。ラリーでは戦えているのだが、実際はセットを取らせてくれない」シャワーでは悔し涙が止まらなかったという。

錦織圭単複3連勝！

2014.2
デビスカップ

Result 単2勝 | Result 複1勝

錦織圭 6-4 6-4 6-4 ● P・ポランスキー
デ杯、ワールドグループ1回戦、日本対カナダ戦が行われた。そのオープニング試合に錦織圭が登場、カナダのP・ポランスキーと対戦。6-4,6-4,6-4 のストレート勝利で日本のエースとして貴重な1勝をあげた。翌日、1勝1敗でダブルスに錦織圭が出場。若手の内山靖崇をひっぱりダブルス・スペシャリストのDネスター/F・ダンセビッチ組を6-3, 7-6 (7-3), 4-6, 6-4で破った。最終日、日本2勝1敗と王手を賭けた試合で、錦織圭がカナダのNo.1プレーヤーを破り見事デ杯ワールドグループ8強入りを決めた。
○ 錦織 圭 6-2 1-0ret. ● Fダンセビッチ

身長差30センチでも勝利。
全米室内連覇

2014.2 ATP250
全米室内テニス選手権 Result 優勝

1R	BECKER, Benjamin (GER)	6-4 6-4
準々決勝	BOGOMOLOV JR., Alex (RUS)	3-6 6-3 6-2
準決勝	RUSSELL, Michael (USA)	6-3 6-2
決勝	KARLOVIC, Ivo (CRO)	6-4 7-6

Victory -4th

Scene 12
〈2014〉24歳

錦織圭が全米室内選手権決勝でクロアチアのI・カルロビッチを6-4,7-6(7-0)のストレートで破り優勝した。2連覇、ツアー優勝4回目の快挙だ。実は錦織、昨年優勝している大会ではあるが、エントリーしていなかった。なぜなら、2週間前、有明で行われたデ杯ワールドグループ1回戦、日本対カナダ戦を戦うのでそこに100パーセントかけるためにこの大会は出場予定から外していたのだ。

「決勝は正直、全然楽しくない試合でした。というのもラリーがほとんどあらず、どっちかというと苦手にしてるタイプの選手なのです」「1ゲームに平均2,3本はエースとられます。ブレークポイントは全部で9本ありましたが取ったのは1つです」と錦織はブログの中でつぶやいている。ストレート勝利ではあったが、ペースがつかめず戦うのが大変だった。

Scene 12
〈2014〉24歳

錦織、またも フェデラーを破った!

2014.3 ATP1000
マスターズ・マイアミ Result ベスト4

1R	BYE	
2R	MATOSEVIC, Marinko (AUS)	6-4 6-1
3R	DIMITROV, Grigor (BUL)	7-6(1) 7-5
4R	FERRER, David (ESP)	7-6(7) 2-6 7-6(9)
準々決勝	FEDERER, Roger (SUI)	3-6 7-5 6-4
準決勝	DJOKOVIC, Novak (SRB)	W/O

○錦織圭 3-6 7-5 6-4 ●5)R.フェデラー (SUI)

マイアミ、キービスケーンで行われたソニー・オープン。準々決勝で、錦織圭はグランドスラム大会17度優勝、偉大なプレーヤーのフェデラーを堂々と破り4強になった。ファイナル・セットはキープが続きタイブレークに入るのではと思われたがあのフェデラーが錦織のプレーに押されイージーミスを最後で連発した。「間違いなくトップ10プレーヤーになる」試合後の記者会見でフェデラーは錦織のテニスの質の高さを認めた。だが、残念なことに準決勝ジョコビッチ戦を棄権した。2月の全米室内優勝後のデルレイビーチあたりから左足の付け根から腰にかけて痛みがあった。準々決勝のフェデラー戦でも痛みを感じたが、持ち前の勝利への執着心で痛みに打ち勝った。フェデラーに勝った喜びに浸るはずの夜は、寝返りをするのも激痛が走るほどだった。たとえコートに立てても、ジョコビッチと長時間のラリーを打ち合うのは無理な相談。棄権は必然の選択だった。

憧れ、尊敬しているフェデラーであっても、コートに入ったら勝つ事を考えろ！ ― マイケル チャン

憧れ、尊敬しているフェデラーであっても、一旦コートに入ったら勝つ事を考えろ！とマイケル・チャンは初めて錦織圭と会った時言い放った。

錦織に憧れのプレーヤーは?と聞くと迷わず、ロジャー・フェデラーと答える。グランドスラム大会に17回優勝しているレジェンドだ。欠点がない。

全てのテニス技術がスムーズで簡単そうに打つ。その上教科書にしても良いほど美しい。強いて言うならバックの高い打点が弱点だったが。しかし相手が毎回そこを攻めてくるので、段々とその弱点も改善され、今ではそこだけを攻めてもフェデラーには勝てなくなっている。

錦織が初めて憧れのフェデラーと対戦したのは2011年の秋の事だ。それまでの錦織のプロ選手としての歩みを振り返ってみると、2008年錦織はツアー初優勝を飾る。しかし2009年は大困難な年となる。8月に肘の手術をし、翌年の1月までテニスができなかった。錦織のポイントはゼロになり、ランキングリストから消えてしまう。そんな困難を乗り越え、2011年春はヒューストン、秋はバーゼル大会の決勝に進出。ツアー3度目の決勝戦進出、準決勝ではNO．1、最強のジョコビッチを破っての決勝進出だ。だがフェデラー戦の結果は1-6,3-6のストレート負け。「何をすれば良いのかわからなくなってしまった」と語るほど自分のテニスを否定される完敗だった。

その数ヶ月後、11月有明コロシアム、第1回日清ドリームテニスで錦織はマイケル・チャンとエキシビションマッチを戦った。チャンとの対談の機会があり、そこでチャンは鋭く錦織のフェデラー戦、試合前の心境を指摘した。

「ケイは『フェデラーと決勝で戦えることにワクワクする。フェデラーは偉大なプレーヤーで自分の憧れのプレーヤーなので。』と試合前のインタビューで語っていた。そこにケイの失敗がある。」とチャンは鋭い口調で言う。「なぜならケイはフェデラーと決勝を戦える事で満足していた。NO．1ジョコビッチを破っての達成感とその上憧れの選手と戦える決勝進出で満足してしまっていた。ケイは闘う前に負けていた」。

「コートに入ったら相手がたとえ尊敬する相手であっても、「お前は邪魔なのだ」と言い切れる決意が必要。勝つ事だけを考えなくてはいけない」。

コートに入ったら相手は関係なく勝つ事だけを考えなくてはいけない。ベストを尽くすのが勝負で生きるものの礼儀なのだとチャンは錦織に勝負師としての姿勢を説いたのだ。

この言葉は錦織圭にとって衝撃だったことだろう。2013年、トップ10を目の前にしながら、その壁を突き破る事ができなかった錦織がどのようにしてその壁を破るのか。チャンに指導を仰ごうと決断させるきっかけになった対談だ。

《錦織圭vsフェデラー対戦成績　2勝3敗》

2011年	スイス室内選手権　決勝	● 1-6 3-6
2013年	マスターズ・マドリード　4回戦	○ 6-4 1-6 6-2
2014年	マスターズ・マイアミ　準々決勝	○ 3-6 7-5 6-4
2014年	ドイツグラス選手権　準決勝	● 3-6 6-7(4)
2014年	ATPファイナル　準決勝	● 3-6 2-6

Victory -5th

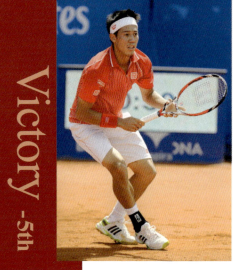

Scene 12 〈2014〉24歳

2014.4 ATP500
バルセロナ・オープン Result 優勝

1R	BYE	
2R	BAUTISTA AGUT, Roberto (ESP)	6-1 4-6 6-3
3R	GOLUBEV, Andrey (KAZ)	6-0 6-4
準々決勝	CILIC, Marin (CRO)	6-1 6-3
準決勝	GULBIS, Ernests (LAT)	6-2 6-4
決勝	GIRALDO, Santiago (COL)	6-2 6-2

2014.4バルセロナ
クレーで初優勝！ツアー5勝目だ！

この大会はクレーの王者、過去8回優勝しているナダルなどクレーを得意としているスペインの選手など沢山出場していた大会だったが、その中で見事優勝を飾った。

第4シードの錦織圭は元世界9位、身長約2メートル（198センチ）のチリッチを6-1, 6-3のストレートで破り、この大会初の4強になった。そして、第1シードのナダルが同じスペインのアルマグロに6-2,6-7(5),4-6と逆転負けの波乱があった。ナダルはこの大会8回優勝、負け知らずだったが11年ぶりに土がついた。錦織にとってクレーでは初優勝、今年2月の全米室内に続き、2大会目(クーヨンのエキシビションも優勝しているのですれを数えると3大会)。ツアー5勝目となった。この優勝で錦織のランキングは12位にカムバック、目標のトップ10入りが見えてきた。
〇4)錦織圭 6-2 6-2 ●S.Giraldo(COL)
ワールドグループ準々決勝デ杯チェコ戦を辞退したのは正解だった。デ杯に出場していたらバルセロナオープン優勝もトップ10入りもなかっただろう。
そもそも錦織はジュニアの頃は「クレーでのプレーが好き」と言っていた。スピンやドロップ・ショット、アングルなどを使いテニスコートいっぱいを使うプレーがゲームのようで楽しかったようだ。ゲームの組み立てに頭を使うし、思ったところに打つには技術も必要。2003年13歳、中2の夏に回ったヨーロッパで錦織は14歳以下の大会で優勝や準優勝をした。14歳以下の国対抗戦、ワールドジュニアでは日本は錦織などの活躍で準優勝した。それまで日本はアジア予選を通過するのがやっとだったのだが。
コーチのチャンは17歳でフレンチ・オープンに優勝している。チャンの経験から出た言葉はクレーが好きだった錦織のテニスを一段と開花させたのだろう。

2014.5 ATP1000
マスターズ・マドリード
Result 準優勝

1R	DODIG, Ivan (CRO)	6-4 6-4
2R	GARCIA-LOPEZ, Guillermo (ESP)	6-3 6-1
3R	RAONIC, Milos (CAN)	7-6(5) 7-6(5)
準々決勝	LOPEZ, Feliciano (ESP)	6-4 6-4
準決勝	FERRER, David (ESP)	7-6(5) 5-7 6-3
決勝	NADAL, Rafael (ESP)	6-2 4-6 0-3 RET

マドリードでベスト4、トップ10入り9位になった

マドリードで開催されたMutuaマドリード・オープン。錦織主対ナダルの決勝戦が行われ、錦織は残念ながら6-2,4-6,0-3となったところで腰から股関節の痛みを再発、棄権した。3回戦で世界9位のラオニッチに勝利、準々決勝で地元スペインのロペスを破り4強、この時点でテニスを始めてからの夢の一つ、トップ10入りを決めた錦織。準決勝では世界5位のフェレールに3時間の激戦の末に競り勝つ。その勝利で世界9位入りを確定。そして満身創痍で世界一のナダルと決勝で戦った。厳しい連戦ではたして体がもつのか心配の錦織だったが、始まってみるとクレーの王者ナダルに対して試合を支配する。第1セットを取り、第2セットも先にブレーク、一時は4-2までリードしていたのだが。

Scene 12
(2014) 24歳

2014.5 ATP1000
マスターズ・マドリード
Result 準優勝

残念だが得るものの多い試合だった

「ケイは難しいことを、簡単にやってくる」とナダルはこの年の全豪オープン4回戦で6度目の対戦を終わった後語ったが、クレーのマドリード・オープン決勝戦では錦織はそれ以上のプレーを見せた。昨年のフレンチ・オープンでは完敗、ナダルの強さを再認識させられ、精神的にも打撃を受けていたが、その日はゾーンに入ったプレーをしていた。そのきっかけは第2ゲーム、錦織のサーブで0-30になってしまった後に、このままではやられてしまうとリスク覚悟で打ち抜けたことという。この大会は64のドローをベースにした56ドロー、トップ8シードは1回戦がないが、第10シードの錦織は1回戦から戦わなくてはいけない。ナダルとの決勝戦は6試合目、準々決勝からは3日連続の試合だ。その上準決勝のフェレール戦では3時間の激戦。試合が終わったのは夜の10時を過ぎていた。最後まで諦めないでボールを追う錦織のプレーは体の限界を超えていた。とうとう体が、腰が耐えきれなくなってしまった。結果は6-2,4-6,0-3での無念の棄権。優勝は逃したがテニスでは錦織が優れていたと皆感じたはずだ。

Scene 12
⟨2014⟩ 24歳

2014.5 GS
全仏オープン
Result 1回戦

1R　KLIZAN, Martin (SVK)　6-7(4) 1-6 2-6

パリ、ローランギャロで行われたフレンチ・オープン2日目、錦織圭の1回戦が行われ第9シードの錦織はスロバキアのクリザンに6-7(4-7),1-6,2-6で敗れた。連戦の疲れからの股関節痛に加えマドリード・オープン決勝では左ふくらはぎを怪我、「負けてがっかりしている。が、怪我を悪化させずに試合ができ安心もしている」というインタビューの言葉が正直な気持ちだろう。「今朝も痛みがあったので、サーブも騙し騙し打たないといけないと思った」「今日は足のせいもあり、動けなかった。ボールの感覚がないままに終わってしまった」「このフレンチ・オープンでは100%で臨めなかったが、テニスは良くなっている。クレーでポイントも取れたので、結果も出ている」と、錦織。
体調万全ではなかったが、それなりに錦織圭は自分の今できる事を出して戦った。

フェデラーに握手を忘れるほど集中させた

フレンチ・オープン1回戦で敗れた錦織はアメリカに戻らず、芝でのシーズンに備え、ドイツのHalleに渡りトレーニングに明け暮れていた。

「芝でのプレーはまだまだ磨くところがありそうです。フットワークが一番難しい。自分の得意のディフェンスが活きにくいかと。なのでなるべく多く攻める時間を作れるかというのが重要になってきます」「怪我をしていた部分は完全に治り、動きには全く問題がなくなりました」と、錦織はブログに記している。

ウィンブルドン前哨戦、ドイツで行われるゲリー・ウェバーオープンに出場した錦織圭は、準決勝まで勝ち進み、第2シード、フェデラーと対戦したが惜しくも3-6,6-7(4-7)で敗れた。

フェデラーのマッチポイント、錦織のバックのクロスパスは惜しくもネットにかかってしまった。これで試合終了のはずだが、フェデラーはカウントを間違っていたのか握手に来ない！ 少したって、照れ笑いしながら錦織と握手に来た。それだけ、フェデラーはポイントに集中していたのだろう。錦織圭のすごさを認めていたからこそのシーンだった。

2014.6 ATP250
ゲリー・ウェバーオープン
Result 準決勝

1R	BYE
2R	MONFILS, Gael (FRA) 6-1 3-6 6-3
準々決勝	JOHNSON, Steve (USA) 6-1 7-6(4)
準決勝	FEDERER, Roger (SUI) 3-6 6-7(4)

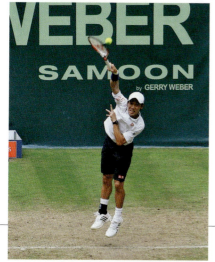

photo：Hiroshi Sato

2014.6 GS
ウィンブルドン Result 4回戦

1R　DE SCHEPPER, Kenny (FRA)　6-4 7-6(5) 7-5
2R　KUDLA, Denis (USA)　6-3 6-2 6-1
3R　BOLELLI, Simone (ITA)　3-6 6-3 4-6 7-6(4) 6-4
4R　RAONIC, Milos (CAN)　6-4 1-6 6-7(4) 3-6

Scene 12
(2014) 24歳

眠れないほどの重圧をはねのけ16強

3回戦、ファイナル・セット3-3で順延された錦織圭とイタリアのボレリの試合が行われた。錦織はファイナル・セットを6-4で取り、ボレリを3-6,6-3,4-6,7-6(4),6-4で破り、ウィンブルドンでは初の16強となった。順延、それもミドル・サンデーの休日を挟んでの再試合、試合の事が頭から離れず、ゆっくり休養できず、3-3からの場面が夢にまででてきたという。4回戦では、1995年松岡修造以来のウィンブルドン8強入りをかけて第8シードのラオニッチと対戦したが35本のサービス・エースを決められ残念ながら6-4,1-6,6-7(4),3-6で敗れた。

「ラオニッチはサーブだけでなくストロークも良いので、特にリターンゲームでも攻めてくる。0-30になった時など勝負をかけてくるので、プレッシャーになった」「ラオニッチのサーブ、自分のリターンゲームで、自分がどうしようもできなかった。1ゲーム目しかチャンスを感じられず、リターンも読むことができず、頭も良いので上手くコースを変えてきた。自分も下がったりしたが芝では難しい。いろいろ工夫したが、どうしようもなかった」

「試合の中で一番悔やんでいるのは、2セット目の第2ゲーム目。そこで簡単なミスが続いて、流れがあそこから変わってしまった」「そこと、最後のブレークされたゲーム、もう少し集中し、相手のプレッシャーにも負けずプレーできていればと残念に思う」

健闘した錦織だったが挽回はできなかった。

Scene 12
〈2014〉24歳

No.1ジョコビッチ破り全米決勝へ！

2014.8 GS 全米オープン Result 準優勝

錦織圭が世界1位のジョコビッチを破りUSオープン決勝に進出した。
日本人プレーヤーとしては男女通じて4大大会初のシングルス決勝進出の快挙！ アジア人男子としても初だ。

4回戦ではランキング6位のラオニッチ、準々決勝では4位のワウリンカ、そして準決勝では1位のジョコビッチと、格上トップ10プレーヤー達をなぎ倒しての決勝進出だ。準決勝、総ポイントを比べるとジョコビッチが取ったポイントは120、錦織はそれより3ポイント少ない117で勝利したのだった。「今日は（コーチ）のマイケルにも言われて、試合の入り方に気をつけた。試合の出だしの入り方に注意した。（決勝でも）気持ちで負けないように、心がけたい」「マイケルから普段よく言われていることは、とにかく集中力を切らさないこと」「日本人初のグランドスラム決勝進出は嬉しいが、記録にはこだわらない」と語った。

Scene 12
〈2014〉24歳

2014.8 GS
全米オープン
Result 準優勝

1R	ODESNIK, Wayne (USA)	6-2 6-4 6-2
2R	ANDUJAR, Pablo (ESP)	6-4 6-1 RET
3R	MAYER, Leonardo (ARG)	6-4 6-2 6-3
4R	RAONIC, Milos (CAN)	4-6 7-6(4) 6-7(6) 7-5 6-4
準々決勝	WAWRINKA, Stan (SUI)	3-6 7-5 7-6(7) 6-7(5) 6-4
準決勝	DJOKOVIC, Novak (SRB)	6-4 1-6 7-6(4) 6-3
決勝	CILIC, Marin (CRO)	3-6 3-6 3-6

4回戦、準々決勝ともフルセットの闘い。4時間を超えるバトルだった。特にラオニッチとの4回戦が終わったのは午前2時26分。全米史上最も遅い終了時刻タイを記録した。

残念！ だが全米準優勝はすごい！

錦織圭 3-6 3-6 3-6 ○14)M.CILIC(CRO)

日本選手初の4大大会シングルス制覇を狙った錦織圭だったが、マリン・チリッチ（クロアチア）に3-6,3-6,3-6のストレート負けし残念ながらUSオープン優勝を逃した。
「緊張し良く眠れなかった。最後まで自分のプレーができなかった」と錦織。
2メートル（198cm）の長身からの弾丸サーブに苦しみ、打ち合いでも最後まで自分のリズムがつかめず、チリッチに4大大会初制覇を許した。全米では熊谷一弥以来、96年ぶりに日本選手としてベスト4入り。準決勝では世界一のジョコビッチ（セルビア）を倒し、日本選手として初のグランドスラム大会シングルス決勝に進出したのだが。
「決勝の相手が、勝ち越しているチリッチに決まり、逆に緊張してしまった。ここまで試合の最中に硬くなったのは初めての事で、このためなかなか感覚が掴めず、動きが悪かった。動きの悪さが原因で、チリッチの速いゲーム展開について行くことが難しかった」と錦織。

2014.8 GS
全米オープン Result 準優勝

本当は出たくなかった

「本当はNYに行くのも、会場に行くのもなんとなく嫌だった」と全米前の気持ちを錦織は正直に語る。なぜならUSオープンを3週間後に控えた時に足裏の手術をし、その抜糸をしたのが大会の始まる1週間前。満足にプレーできるかわからない状態だったからだ。

4月のバルセロナ・オープン優勝、マドリード・オープン準優勝で遂にトップ10の壁を破り9位（5月12日付）になった錦織。だが、7月のウィンブルドン16強後、アメリカシリーズ・ワシントンDC大会で8強になるものの、2月ごろから違和感を覚えていた右足親指裏にできたマメ、正式名、嚢胞（のうほうと読む）、腫れ物が悪化。足を踏むのさえ痛い状態になってしまう。テニスのワールドランキング（*ATPランキング）は毎週行われる大会後の月曜日に変わる。錦織は9位になったもののそれは1週間しかもたず、11位、12位を行き来していた。トップ10を維持し、その上を狙うためには獲得ポイントも大きいアメリカUSオープンシリーズ大会で8強以上をキープしたいところだ。

しかし大事なビッグ大会、4日から始まるトロント、続くシンシナティの大会を欠場する決断をし、8月4日ノースカロライナに行き、その切開除去手術をする。3週間後、8月25日からはUSオープンが始まるが出場が危ぶまれる状況だった。車イスの生活が続く。17日に抜糸。22日に嫌々ニューヨークに入った。当日、錦織は滞在先のホテルで会見を開き、「出場はまだ決めていない。出るように努力するが、試合当日に決めたい」と話すほどだった。本戦1回戦は、ほとんど練習なし、ぶっつけ本番で初戦を戦わなくてはならなかったのだ。

マイケル・チャンの伝説とエピソード

USオープン準優勝の快挙、ATPファイナル出場、世界5位、このどれもチャンのプッシュがなかったら2014年には達成できなかっただろう。

USオープンは手術後でまだテニスができる体（足の状態）ではなかった。

「試合できるかな？という感覚で入っていったので、決勝まで行けるなんて自分もチームの誰も信じていなかった」

コーチのチャンも感じていたほど。しかしチャンはトッププレーヤーは簡単にデフォ（default）するべきではない。テニスの勝負はいつも100パーセントでできる訳ではない。コートに立てる以上、その時の最高を出すようにトライする事が大切、と言う。特にグランドスラム大会では5セットの長丁場、その上天気などの自然にも左右される。何が起こるかわからないのだ。そういえばチャンが17歳と3ヶ月でフレンチ・オープンに初優勝した時、4回戦で当時No. 1、優勝候補レンドルと対戦、2セット・ダウンから4-6,4-6,6-3,6-3,6-3で逆転勝利した。4時間半の戦い、ファイナル・セットの途中ではチャンは痙攣でサーブがちゃんとできなくなり（オヤジギャグ）、素人がやる下から打つアンダー・サーブを放つ、慌てたレンドルはなんとそれをミスってしまった。その事は当時スポーツマンらしくないと賛否両論、話題にもなった。話は飛ぶが、2014年オーストラリアン・オープン大会前に錦織とマレーがセンター・コートで練習した時の話。ラリーが終わり、練習試合が始まる時、マレーのコーチのレンドルが錦織に近づき耳元で何かささやいた。

練習マッチが始まる。錦織はファースト・サーブの構えに入ると、なんと突然アンダー・サーブを放った！レンドルのチャンに対してのユーモアで、「あれはなかったぜ！」の主張なのだろう。チャンのアンダー・サーブの一件はもう時間が解決しているのだろう。ちょっと脱線したが、またフレンチ・オープンの話に戻る。チャンは決勝戦で第3シードのエドバーグと対戦した。エドバーグの跳ねるビッグ・サーブに手こずっていた。すると、なんとチャンはサービスラインの内側に構える。実際には内側でレシーブを返した訳ではないが、なるべく前へ詰めてリターンをする奇策でポイントを取った。結果は6-1,3-6,6-4,6-6,4,6-2、これも逆転。優勝を果した。勝負は何が起こるかわからない、最後まで勝負を諦めてはいけない。他のコーチだったら出場に消極的な錦織の気持ちを優先、怪我の悪化も考え不出場の決断をしただろう。私のようにフリーの者は、ニューヨークまでの旅費、高いホテル代などを考えてニューヨークまでは行かないだろう。100位ぐらいの選手もそう決断していたと思う。「正直不安だらけ」と語っていた錦織だが、チャンは「絶対にいける」と言う。

「軽く洗脳してきます。そう言われると自然と良い方向にいくのかな？刺激になる」と、錦織はUSオープン出場を決めた。チャンに洗脳されてなかったら準優勝も5位もなかっただろう。

2014.9 ATP250
マレーシア・オープン Result 優勝

1R	BYE	
2R	RAM, Rajeev (USA)	6-2 6-3
準々決勝	MATOSEVIC, Marinko (AUS)	6-3 6-0
準決勝	NIEMINEN, Jarkko (FIN)	6-3 4-6 6-2
決勝	BENNETEAU, Julien (FRA)	7-6(4) 6-4

Scene 12
〈2014〉24歳

マレーシア優勝で世界7位に

マレーシア・クアラルンプールで行われたマレーシア・オープン。
錦織圭はUSオープン準優勝後の初の大会で見事優勝した。この優勝でランキングも自己最高の7位になった。

決勝はフランスのベテラン32歳のベネトー（28位）と対戦。
「（夢の一つ、ATPファイナル出場にむけて優勝すると）250ポイント獲得するチャンスがあると思うと眠れなかった」と錦織。優勝を期待されてのNo.1シード選手としての責任、それに加え連戦の疲れなどもあったのだろう。第3ゲームで先にサーブを落とす苦しいスタート。ブレーク・バックするチャンスも9回あったがブレークできずに4-5となる。そこからの7-6(7-4),6-4という逆転勝利だった。全米室内、バルセロナに続き、今年3大会目の優勝。通算6勝目をあげた。

錦織、決勝が終わりその日の深夜便ですぐに日本に移動、翌日は楽天ジャパンオープンで内山靖崇と組んだダブルスに出場。さらに次の日はシングルス1回戦でクロアチアのドディック（29歳、64位）と対戦した。

錦織圭 7-6(4) 6-4 ●4)J.ベネトー (FRA)

©Malaysian Open, Kuala Lumpur & Akatsuki Uchida　http://www.malaysianopentennis.com/2014/

Scene 12
〈2014〉24歳

Victory -7th

内山靖崇と組んだダブルス。Fyrstenberg(POL)/Huey(PHI)組(各々全米ダブルス準優勝と8強になったことのある二人。二人合わせてツアーで19回優勝しているペア)を6-2,6-4で破る金星をあげ準々決勝進出だ!「たくさんのお客様の前でプレーでき嬉しいし、すごく楽しい」と錦織。

2014.9 ATP500
ジャパン・オープン

Result 優勝

1R	DODIG, Ivan (CRO)	6-3 6-4
2R	YOUNG, Donald (USA)	6-4 7-6(4)
準々決勝	CHARDY, Jeremy (FRA)	6-4 6-2
準決勝	BECKER, Benjamin (GER)	4-6 6-0 7-6(2)
決勝	RAONIC, Milos (CAN)	7-6(5) 4-6 6-4

「自分に勝った!」
涙の2週連続優勝

錦織圭がカナダのラオニッチを7-6(7-5),4-6,6-4のフルセットで下し優勝した。前週のマレーシア・オープンに引き続いての2週連続優勝の偉業。今年4大会目、通算7回目のツアー優勝だ。勝利が決まると錦織はコートに大の字になる。その後チャンコーチ、ダンテコーチ、中尾トレーナなどチームと抱き合い涙を見せた。「またひとつ壁を破れた、自分に勝てた!」と。

USオープン準優勝という大記録を作ったが、錦織の中には決勝まであれだけ良いプレーができていたのに最後に力が出し切れなかったという悔しさが残っていたと思う。マレーシア・オープンで優勝、期待を背負ってジャパンオープンでも満身創痍で勝ち続け決勝に進出してきた。でも「(体は準々決勝から)限界を超えていた」。そこを錦織は「最後の力をふりしぼって頑張りたい」と前日言った通り自分の限界に賭け戦い抜いたのだ。

Scene 12
〈2014〉24歳

2014.9 ATP500
ジャパン・オープン
Result 優勝

連日連戦、満身創痍でつかんだ優勝!

錦織圭 7-6(5) 4-6 6-4 ●3)M.Raonic(CAN)
決勝の対戦相手は身長196センチの長身からの弾丸サーブの持ち主のラオニッチ。対戦成績は錦織の3勝1敗。だがいつも大接戦をしている錦織がライバルと意識している1歳年下のプレーヤーだ。ラオニッチは体調万全で調子が良い、時速240キロ級のサーブでそれまで1セットも落としていない。対する錦織はクアラルンプールで4試合、東京で5試合目、ダブルスも含むとこの12日間で10試合、体に痛みを感じている。だが勝負の世界、勝ち負けはやってみないとわからない。

「ラオニッチの良いサーブはあきらめろ、1、2回チャンスはくる、それを攻めていけ」。チャンコーチからの試合前のアドバイス。結果は錦織が勝った! 信じられない! 錦織はラオニッチと握手を終えるとコートに大の字に寝転んだ。
「辛い中、限界を乗り越えて戦えたのも皆のおかげ。今日はでき過ぎ。ありがとう!」
満員の観客に礼を言う錦織圭だった。

2014.11 ATP1000
マスターズ・パリ
Result ベスト4

1R	BYE	
2R	ROBREDO, Tommy (ESP)	6-7(4) 6-2 6-3
3R	TSONGA, Jo-Wilfried (FRA)	6-1 4-6 6-4
準々決勝	FERRER, David (ESP)	3-6 7-6(5) 6-4
準決勝	DJOKOVIC, Novak (SRB)	2-6 3-6

Scene 12
⟨2014⟩ 24歳

大ピンチから逆転勝ち。ATPファイナル出場決める！

10月31日、パリ真夜中。2014年の男子プロテニスツアー最終戦 BNPParibasマスターズ。錦織圭の準々決勝が行われた。錦織にとってこの試合は単なる準々決勝ではなく、勝てば年間成績トップ8名によるエリート大会ATPファイナルの出場が決まる大事な一戦だ。第4シードのフェレールと対戦、第1セットを落とし、第2セットはタイブレークで2-5とあと2本で負けてしまうという大ピンチの状況に陥る。しかしそこから逆転、自力でATPファイナル出場を勝ち取った。「すなおに嬉しい。長い試合を勝ち切れたので。苦しい試合だったが、自分からいけたのが嬉しい」と錦織。日本人プレーヤーとしてそしてアジア人プレーヤーとして初の大快挙を成し遂げた。

夢のATPツアーファイナル出場

錦織圭は夢の一つであったATPファイナルの出場を遂に決めた。
この大会は2014年度のレースランキング（年間ポイントランキング）上位8人だけが出場できるエリート大会。
おもてなしは「大統領になったよう！」と錦織が感じるほどの待遇の凄い超豪華大会だ。

2014.11
ATPツアーファイナル Result ベスト4

Scene 12
⟨2014⟩ 24歳

2014.11
ATP ツアーファイナル
Result ベスト4

1戦目	MURRAY, Andy (GBR)	6-4 6-4
2戦目	FEDERER, Roger (SUI)	3-6 2-6
3戦目	FERRER, David (ESP)	4-6 6-4 6-1
準決勝	DJOKOVIC, Novak (SRB)	1-6 6-3 0-6

　世界のトップ8に名を連ねATPファイナルに出場を決めた事もすごいが、その中で勝ちぬけて4強に残った事はさらにすごい。初日のA・マレー戦ではこの1年間の錦織圭の成長をみせつけた。「ケイのプレーに自信を感じる」と試合後のマレー。第2戦目、R・フェデラー戦、錦織の強さを知っているフェデラーはここ一番で最初からフルスロットでやってきた。第3ゲームでブレーク・チャンスを錦織が逃すとその後チャンスらしいチャンスはなかった。錦織は自分のペースさえ掴めずに完敗した。第3戦目、ラオニッチが試合の1時間半前に棄権を発表、対戦相手はスタンバイしているD・フェレールとなり、勝利、準決勝進出を決めた。
　準決勝はジョコビッチ。
　「パリでも感じたことですがストローク戦でポイントを取るのが一番大変な選手です。ショットがすごい早いわけではないのでカウンターでポイントが取れない。コースの打ち分けがすごく上手いのでボールが読みづらい。フェデラーとは全く違ったプレースタイルですがプレーが丁寧なので1ポイント取るのが本当に大変です」
　3年連続での決勝進出をねらうジョコビッチに、1-6 6-3 0-6で敗れた。

2014.11
ATPツアーファイナル
Result ベスト4

1次リーグは8人を4人づつの2組に分け、ラウンドロビン（総当たり）戦を行う。
2014年組み合わせ

＜Aグループ＞	勝敗	セット数	ゲーム数
N・ジョコビッチ	3-0	6-0	36-9
S・ワウリンカ	2-1	4-3	31-26
T・ベルディヒ	1-2	2-4	18-28
M・チリッチ	0-3	1-6	18-40

＜Bグループ＞			
R・フェデラー	3-0	6-0	37-13
錦織圭	2-1	4-3	33-31
A・マレー	1-2	2-4	22-32
M・ラオニッチ	0-2	0-4	15-26
D・フェレール	0-1	1-2	11-16

＜決勝トーナメント＞
N・ジョコビッチ　Aグループ1位　6-1 3-6 6-0
錦織圭　　　　　Bグループ2位
　　　　　　　　　　　　　　　　N・ジョコビッチ
R・フェデラー　Bグループ1位　不戦勝
S・ワウリンカ　Aグループ2位　4-6 7-5 7-6(6)

Scene 13 〈2015〉25歳

新たなる挑戦2015

錦織圭の2015年がオーストラリアのブリスベン国際から始まった。
結果は、シングルスでベスト4、ドルゴポロフ(ウクライナ)と組んだダブルスでは準優勝。

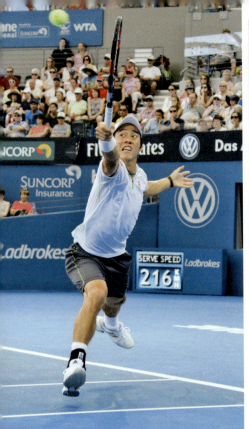

photo : Hiroshi Sato

2015.1 ATP250
ブリスベン国際
Result ベスト4

2015年開幕戦、ダブルス準優勝、シングルス4強

錦織圭の2015年、最初の大会はブリスベン国際。250の大会だが、第1シードはフェデラー、第2シードが錦織圭、第3シードはラオニッチ、第4シードはディミトロフという250にしては豪華な選手陣だ。この大会は男女共催なので、女子はシャラポアやイワノビッチなども参戦していた。ゴールドコーストから約1時間弱の距離なので、正月休みをゴールドコーストで過ごしている人にはぜひとも観戦をお勧めする。センターコートも5000人ぐらいのキャパシティなのでどの席からも見やすい。

男子シングルスで第2シードに入った錦織は2回戦からの登場で、ジョンソン(米国)、トミック(豪州)を連破して3年連続でベスト4に進出。準決勝では第3シードのラオニッチ(カナダ)と3セットともタイブレークにもつれる大接戦だったが、7-6(4)、6-7(4)、6-7(4)で惜しくも逆転負け。

ダブルスはジュニア時代から仲の良いドルゴポロフと組んで出場、1回戦で第2シードを破るとそのまま勢いに乗ってATPツアーダブルスでは初の決勝に進出。惜しくも第1シードのジェイミー・マリー(英国)/ジョン・ピアーズ(豪州)組に3-6、6-7(4)で敗れた。

シングルス
1R	BYE	
2R	JOHNSON, Steve (USA)	6-4 7-5
準々決勝	TOMIC, Bernard (AUS)	6-0 6-4
準決勝	RAONIC, Milos (CAN)	7-6(4) 6-7(4) 6-7(4)

ダブルス(パートナー DOLGOPOLOV, A (UKR))
1R	BOPANNA, R (IND) /NESTOR, D (CAN)	6-4 3-6 [10-6]
準々決勝	GUCCIONE, C (AUS) /HEWITT, L (AUS)	6-2 7-5
準決勝	DIMITROV, G (BUL) /KOKKINAKIS, T (AUS)	6-3 6-3
決勝	MURRAY, J (GBR) /PEERS, J (AUS)	3-6 6-7(4)

錦織圭の2015年の抱負

どんなに周りの状況が変わってこようとも自分のすることはいつも同じ。テニスコートで自分のテニスをするだけで、テニスボールを追うこと以外は雑念に過ぎないからコート上で自分の描きたいテニスを心がけるだけ。ランキング何位とか、プレッシャーとかと戦うっていうよりかは自分自身の限界を目指せばいい。自分の人生だし自分がいけるとこまで楽しんで進んでいきたいです!! 誰かを越すとか、誰かに抜かれるとかではなく自分ができる最大の努力をする。1年ごとのシーズンでリセットできるのがいい区切りで毎年白帯の信念に戻ります。常にハングリーさを持って学ぶ気持ちを忘れずに。この気持ちを大切にして2015年に臨みます。〈「錦織圭オフィシャルブログ」より〉

Scene 13
〈2015〉25歳

2015.1 GS
全豪オープン Result ベスト8

1R	ALMAGRO, Nicolas (ESP)	6-4 7-6(1) 6-2
2R	DODIG, Ivan (CRO)	4-6 7-5 6-2 7-6(0)
3R	JOHNSON, Steve (USA)	6-7(7) 6-1 6-2 6-3
4R	FERRER, David (ESP)	6-3 6-3 6-3
準々決勝	WAWRINKA, Stan (SUI)	3-6 4-6 6-7(6)

プレッシャーの中、
全豪はベスト8

4回戦のフェレール戦はサーブやストロークの威力などほぼ完璧だった。

世界の5位として初めて挑むグランドスラム大会。今まで以上に世界中から注目され、プレッシャーがかかり3回戦までは苦戦の連続だった。しかしグランドスラム大会の1週目は内容より勝つことが第一。自分のテニスができなくてもしっかりと錦織は勝ち切り、4年連続ベスト16入りを決める。「3回戦までなかなか思うようなプレーをさせてくれませんでした。相手が良かったのもありますが自分にいつもはない固さみたいなのがありました。こういう試合をなんとしてでも勝つってことに意味はあったと思うので成長の糧になってくれるといいです」と錦織。まさにメンタルで突破した。そしてベスト8入りをかけてフェレールと対戦。「相手が変わったことによってプレッシャーが少し抜けたことが大きい。ランキングも上がり、自然とここに来るのが当たり前のように勝っているのが成長している証拠だと思う。こうやって勝てたのは初めてぐらいでビックリでした」と錦織。鉄の壁のような、いつもフルセットの大接戦をしているフェレールにストレート勝ち、8強になった。

2015.1 GS
全豪オープン Result ベスト8

「こういう舞台で勝てる選手になりたい」

フェレール戦で快勝し、次の準々決勝で勝てば、全豪では初の4強となる。日本男子では1932年の佐藤次郎以来の事、またまた過去の偉大なプレーヤーの名前が83年ぶりに錦織の活躍で光を浴びる事になった。その記録にケチをつける気はないが、記録を調べてみると、1932年の全豪はたった8名による大会だったようだ。現在のように128名のドロー、その本戦ドローのうち、16枠はもう128名の選手による予選がある今とは厳しさが違う。そんな厳しい今の男子テニス界の中で錦織は4強入りを狙って戦った。

対戦相手はワウリンカ。対戦成績は錦織から1勝2敗。1勝は昨年のUSオープン準々決勝、4時間15分の末の勝利だった。昨年の全豪オープンの覇者ワウリンカは、フェデラーがランキングではまだ上位だが、今やスイスではフェデラーを超えた実力を持っている。スイスを念願のデ杯で優勝させた立役者でもある。そのワウリンカが「錦織はショットメーカー。早いタイミングでしかけ、ウィナーを取ってくる。時間を与えてくれない難しい相手だ」と警戒する。錦織は今大会初めて自分よりランキング上位者と対戦する。「これからは挑戦者として戦える。自然といいプレーもできる」と言っていたが、試合が始まるとワウリンカが挑戦者のように攻めてくる。対する錦織はその「パワー、ボールの速さ、正確性で押され、あせってしまった」と言う。ワウリンカは錦織を研究し、錦織らしさを発揮させなかった。結果は完敗。「こういう舞台で勝てる選手になりたい」と錦織。狙っていたグランドスラム大会優勝だったからだろう。

Scene
13
〈2015〉25歳

Scene 13
〈2015〉25歳

2015.2 ATP250
メンフィス・オープン
Result 優勝

1R	BYE	
2R	HARRISON, Ryan (USA)	3-6 6-3 6-4
準々決勝	KRAJICEK, Austin (USA)	4-6 6-3 6-4
準決勝	QUERREY, Sam (USA)	5-7 7-6(5) 7-6(5)
決勝	ANDERSON, Kevin (RSA)	6-4 6-4

2012　J. MELZER
2013　K. NISHIKORI
2014　K. NISHIKORI
2015　K. NISHIKORI

photo：Hiroshi Sato

全米室内選手権3連覇。世界5位、
トップ選手としての使命そして覚悟の優勝

2015年2月15日、アメリカ、テネシー州、メンフィスで行われた全米室内選手権。
この大会、2015年からはメンフィス・オープンと名を変えているが、今でもUSTA（アメリカテニス協会）の公式HPにも載っている歴史ある全米室内選手権。1975年から行われ、過去の優勝者にはボルグ、コナーズ、マッケンロー、エドバーグ、アガシ、レンドル、サンプラス、クリエー、ロディックとNO.1になったプレーヤー達が優勝している。1997年には、コーチのチャンも優勝している。コナーズとT・マーチンが2連覇を達成したが、3連覇は錦織が初めての事だ。
最初の優勝の時は、全豪オープン後、膝が悪く充分な練習ができず、出場を迷ったほどだった。2年目は当初エントリーしていなかったが、急遽主催者推薦枠で出場を決めた。それは全豪オープン後、デ杯ワールドグループ1回戦のカナダ戦があったためだと思われる。（錦織は単複3試合にフル出場し勝利。日本を戦後初の8強に導いた）。その年にコーチとなったチャンは契約内ではないが、一家で応援に駆けつけてくれた。チャンは契約より気持ちで動く人だ。錦織はチームのサポートがあり2連覇を成し遂げた。そし

て2015年は世界5位、第1シードとして出場した。決勝以外は第1セットを落としての苦しい試合の連続だった。2回戦ハリソン、準々決勝のクライチェクとは共にIMGで一緒に練習していた仲、捨身でかかってきた。準決勝はアメリカのデ杯選手、クエリー。錦織は27本のサービス・エースを決められたが勝者は錦織だった。決勝はK・アンダーソン（南アフリカ）、身長203センチ、2014年度サービス・エース・ランキング5位、その数723。しかし、6-4、6-4のストレートで下し、大会3連覇。
3連覇と簡単にいうが、その裏にはいろいろな紆余曲折があり成しとげたこと。負けられない重圧の中、世界5位、トップ選手の使命そして覚悟の優勝だった。

「いやー、今週はよく耐えました。自分よく頑張ったです。メンフィス3連覇です！まだ今年始まって2ヶ月ですが、既に半年戦い終えた感じがあります」「今年は（決勝で対戦した）ケビンもそうだし、イズナー、カルロビッチ、クエリー、グロスなどなど。こんなに！？　と思うほどビッグサーバーの嵐。この人たちはほんの少しでも油断すると負けちゃいます。現にカルロビッチは今年ジョコに勝ってますしね」（「錦織圭オフィシャルブログ」より）

決勝進出で世界4位に!! 勝つと3位の可能性もあった。

準決勝ではつい2週間前の全米室内決勝で対戦した第4シードのアンダーソン(南アフリカ)と戦う。フルセットにもつれるが6-2、3-6、6-3で競り勝ち、2大会連続で決勝に進出。この時点で翌週月曜日(2015年3月2日)に発表されるランキングで4位が確定した。1995年11月に伊達公子が記録した日本最高位4位以上となる事が決まった。「申し訳ないけど、(ランキング4位になったといって)どうも思っていない。どうせ上がるし、下るものだから」と錦織。計算好きな我々メディアはすぐランキング表とポイントを睨み計算を始める。すると決勝でフェレール(スペイン)に勝つと3位になる可能性も出てきた。錦織が優勝し、ナダルがアルゼンチンで優勝を逃すと計算上は3位になる可能性があった。特にフェレールには過去7勝3敗、昨年からは5連勝中だったので。だがナダルがアルゼンチンで優勝したので、3位にはたとえ優勝してもなれなかったのだが。

フェレールには研究されていたのだろう。どんな状況でもあきらめない粘りとどんなボールでも追う強い守備力を崩しきれず、大接戦をするものの敗れた。それに加えて大会前にはインフルエンザにかかり熱が出て充分な練習ができていなかった。「攻撃的でミスのない、最高のテニスができた」とフェレール、この大会は相性が良く、4回目の優勝。「第2セット0-3からカムバックし、ファイトしたが、フェレールは素晴らしプレーをした」と錦織。この後、バンクーバーで行われるデ杯ワールドグループ1回戦、カナダ戦に向った。

Scene 13
⟨2015⟩ 25歳

2015.2 ATP500
アカプルコ
Result 準優勝

1R	GONZALEZ, Alejandro (COL)	6-3 7-5
2R	LU, Yen-Hsun (TPE)	6-1 6-3
準々決勝	DOLGOPOLOV, Alexandr (UKR)	6-4 6-4
準決勝	ANDERSON, Kevin (RSA)	6-2 3-6 6-3
決勝	FERRER, David (ESP)	3-6 5-7

オフショット集

2012年4月バルセロナオープン、大会前にサグラダファミリアの前でナダルとイベント。

©Barcelona Open Banc Sabadell

2012年全豪でベスト8になった翌日、両親と食事。

アパートのキッチンで。(2012年ごろ)

故郷松江の宍道湖を背に。

2013年ブリスベンの大会で大会スタッフからバースデーケーキのプレゼント。

フロリダの自宅。初めてのカレーライス作りに添田豪選手と挑戦。

2013年、IMGでハンマー投げ室伏広治選手のトレーナーであるロビー・オオハシ氏と中尾トレーナーから体幹トレーニングを受ける。

Kei Nishikori | 147

日清のサムライシリーズ

2012ドリームテニス

2014ドリームテニス。

ゴルフでリフレッシュ（日本）

©ATP

2014年全米後アジアツアーの前に香港で。

Theoryを試着中の錦織圭

ジョコビッチ、坂本正秀、錦織圭

WOWOWの放送ブース。解説の土橋早大テニス部監督、錦織圭、石黒賢さん、WOWOWの木村英里。賢さんのお父さんは石黒修さん。60年代デ杯やグランドスラム大会で大活躍した名選手だ。

ATP（男子プロテニス協会）の仕組み

グランドスラム 優勝すると2,000ポイント獲得

4大大会
- Australian Open
- Roland Garros
- US Open
- Wimbledon

ATP ワールドツアーマスターズ 1000 優勝すると1,000ポイント獲得

9大会（2015年）
- Cincinnati
- Indian Wells
- Madrid
- Miami
- Monte-Carlo
- Canada
- Paris
- Rome
- Shanghai

ATP ワールドツアー 500 優勝すると500ポイント獲得

13大会（2015年）
- Acapulco
- Barcelona
- Basel
- Beijing
- Dubai
- Halle
- Hamburg
- London-Queen's
- Rio de Janeiro
- Rotterdam
- Tokyo
- Valencia
- Washington

ATP ワールドツアー 250 優勝すると250ポイント獲得

39大会（2015年）
- Atlanta
- Auckland
- Bastad
- Bogota
- Brisbane
- Bucharest
- Buenos Aires
- Casablanca
- Chennai
- Delray Beach
- Doha
- Estoril
- Geneva
- Gstaad
- Houston
- Istanbul
- Kitzbuhel
- Kuala Lumpur
- Marseille
- Memphis
- Metz
- Montpellier
- Moscow
- Munich
- Newport
- Nice
- Nottingham
- Quito
- Sao Paulo
- 's-Hertogenbosch
- Shenzhen
- St. Petersburg
- Stockholm
- Stuttgart
- Sydney
- Umag
- Vienna
- Winston-Salem
- Zagreb

ATP チャレンジャーツアー
世界40カ国以上で年間178大会開催。日本では、京都、兵庫、神奈川、愛知の4大会

フューチャーズ〈ITF 男子サーキット〉
国際テニス連盟が主催、男子プロテニスで一番低いカテゴリに位置する大会群。2014年には673大会が開催。日本では3月中旬から、亜細亜大学、早稲田、山梨学院大、筑波大と4週間、6月に、軽井沢、柏、東京昭和の森、北海道で4週間行われる。

★ ポイント

トーナメントカテゴリー	W	F	SF	QF	R16	R32	R64	R128
グランドスラム	2000	1200	720	360	180	90	45	10
マスターズ1000	1000	600	360	180	90	45	10(25)	(10)
500シリーズ	500	300	180	90	45	(20)		
250シリーズ	250	150	90	45	20	(5)		

男子テニスの世界ランキングは「ATPランキング」という。グランドスラム大会期間を除き、毎週月曜日に発表される。このランキングに基づいて、各大会のエントリー、及びシードを決定する。2015年のATPツアーは31ヶ国で62大会が行われる。各大会での成績によりポイントが決まる。2014USオープン決勝進出の錦織は1,200ポイントを獲得した。ジャパンオープン優勝で500ポイント、前週のマレーシア・オープン優勝では250ポイントを獲得している。ツアーの名称になっている1000、500、250の数字はその大会で優勝した時のポイントを表している。

過去1年間（52週）の成績の良かった順に、上位18大会の合計ポイントでランキングが決められる。

錦織のように、前年の最終ランキングトップ30のプレーヤーは、4つのグランドスラム大会と8つのマスターズシリーズ、合計12大会は出場義務がある。出場義務のある大会を欠場した場合は「0ポイント」と計算され、ポイントがなくてもランキング対象となる18大会の中に加算される。

「ATP World Tour Finals」に出場できた選手はボーナスとして19大会の合計ポイントになる。

★ 錦織の2015年4月6日付けのランキング内訳を見てみよう。
19大会が対象で合計5,280ポイントだ。堂々の世界4位にいる。

1年前（53週前）のポイントが消失していくため、ランキングを維持、アップするには、成績の良かった大会では同じ成績、あるいはそれ以上の成績が必要だ。錦織、昨年のマイアミは4強で360ポイント。今年は8強で180ポイント、180ポイント減ったが昨年準優勝のナダルが今年は3回戦だったので、ポイントが大幅に減り追い越した。

錦織の場合はマスターズシリーズでローマ、カナダ、シンシナティーは怪我で出場できず0ポイントだったのでここでポイントを稼げる余裕がある。

現行のランキング計算方法は2009年から施行された。それまでは平均点で計算されたり、シード選手やトップランキングプレーヤーに勝つとボーナスポイントがついたりして複雑だった。特に平均点だとトッププレーヤーが優勝ポイントの低い大会で優勝すると平均点が下がってしまうなどの弊害があった。

ATPファイナル出場権を争う「ATP　レースランキング」との計算方法が違っていたが、2009年からは同じ計算方法でわかりやすくなった。レースは2015年度だけのATPランキングと考えれば良い。

錦織圭の獲得ポイント〈2015.4.6〉

日付	大会	リザルト	ポイント
2014 11/09	ATP World Tour Finals	SF	400
■グランドスラム大会			
2014 08/25	US Open	F	1,200
2015 01/19	Australian Open	QF	360
2014 06/23	Wimbledon	4R	180
2014 05/26	Roland Garros	1R	10
■ATP マスターズ1000			
2014 05/04	Masters 1000 Madrid	F	600
2014 10/27	Masters 1000 Paris	SF	360
2015 03/25	Masters 1000 Miami	SF	180
2015 03/12	Masters 1000 IndianWel	4R	90
2014 10/05	Masters 1000 Shanghai	2R	10
2014 08/10	Masters 1000 Cincinnati		0
2014 08/04	Masters 1000 Canada		0
2014 05/11	Masters 1000 Rome		0
■ATP ツアー 500			
2014 09/29	Tokyo	W	500
2014 04/21	Barcelona	W	500
2015 02/23	Acapulco	F	300
■ATP250などその他カウント可能な大会			
2015 02/09	Memphis	W	250
2014 09/22	Kuala Lumpur	W	250
2014 06/09	Halle	SF	90

4月6日付けで合計　**5280ポイント**
〈ランキング4位〉

以下はカウントされていない大会とポイント
■Non-Countable Tournaments

日付	大会	リザルト	ポイント
2015 01/04	Brisbane	SF	90
2014 07/28	Washington	QF	90
2015 03/06	Davis Cup		80

★ リザルト

錦織圭2014年の結果と獲得ポイント

開催日	大会名	カテゴリー	リザルト	獲得ポイント
01/01	Brisbane, Australia	250	SF	90
01/13	○ Australian Open	2000	4R	180
01/31	JPN vs CAN WG1st			80
02/10	Memphis, TN	250	W	250
02/17	Delray Beach, FL	250	2R	20
03/06	○ Masters Indian Wells	1000	3R	45
03/19	○ Masters Miami	1000	SF	360
04/21	Barcelona, Spain	500	W	500
05/04	○ Masters Madrid	1000	F	600
05/12	○ Masters Rome	1000		0
05/26	Roland Garros	2000	1R	10
06/09	Halle, Germany	250	SF	90
06/23	○ Wimbledon	2000	4R	180
07/28	Washington, DC	500	QF	90
08/04	○ Masters Canada	1000		0
08/11	○ Masters Cincinnati	1000		0
08/25	○ US Open, NY,	2000	F	1200
09/22	Kuala Lumpur, Malaysia	250	W	250
09/29	Tokyo	500	W	500
10/05	○ Masters Shanghai	1000	1R	10
10/27	○ Masters Paris	1000	SF	360
11/09	ATP Tour Finals, GB	1500	SF	400

○印は出場が義務づけられている大会。
2014年獲得ポイント＝5,025（赤色箇所19大会の合計）
2014年は17位で始まり、5位でシーズンを終了。

錦織圭2015年の結果と獲得ポイント(4/6まで)

開催日	大会名	カテゴリー	リザルト	獲得ポイント
01/04	Brisbane, Australia	250	SF	90
01/19	Australian Open	2000	QF	360
02/09	Memphis, TN	250	W	250
02/23	Acapulco, Mexico	500	F	300
03/06	CAN vs JPN WG1st			80
03/12	Masters IndianWells	1000	4R	90
03/23	Masters Miami	1000	QF	180
今後の予想される予定				
04/20	Barcelona, Spain	500		
05/04	Masters Madrid	1000		
05/11	Masters Rome	1000		
05/25	Roland Garros	2000		
06/08	Halle, Germany	250		
06/29	Wimbledon	2000		
08/03	Washington, DC	500		
08/10	Masters Canada	1000		
08/17	Masters Cincinnati	1000		
08/31	US Open, NY	2000		
09/14	DavisCup WG playoff			
09/28	Kuala Lumpur, Malaysia	250		
10/05	Tokyo	500		
10/12	Masters Shanghai	1000		
11/02	Masters Paris	1000		
11/15	ATP Tour Finals, GB	1500		

著者プロフィール

塚越　亘（つかごし　わたる）

1947年6月22日生まれ。群馬県前橋市出身。独協大学卒業。フォト・ジャーナリスト。撮影機材はCanonEos7D
1972年よりアメリカ、アイダホ州、SUN VALLEYスキースクールでインストラクターとして4シーズン勤務。スキー・シーズン以外は世界のテニストーナメント、及びテニス施設を取材テニス専門誌等に寄稿。東レシルクトーナメント、グンゼワールドテニス、セイコースーパーテニスなどの日本で行われていたビッグトーナメントの準備段階に係わる。グランドスラム大会は1973年より取材。1982年から1993年までテニス・ジャーナル編集委員長。1977年から1990年までアメリカTENNIS誌の世界を代表する6名のランキング委員の1人として加わった。1992年、まだインターネットがない頃、世界に挑戦していた松岡修造、伊達公子などの活躍をタイムリーに伝えたいと、FAXによるテニス新聞 Tennis Japan を2012年までデイリーで発行。ボリス・ベッカーやゴーラン・イワニスビッチをNo.1にしたボブ・ブレットコーチは彼が選手時代から親しい。ハリー・ホップマン、ビック・ブレーデン、デニス・バン・ダミーアなど世界の指導者、アーサー・アッシュなどのテニスプレイヤーや関係者とは親交が厚い。著書に、松岡修造のプロツアーに密着取材した、「919日の闘い」（ベースボールマガジン社刊）。ジャーナリストとしてより、同士として、世界に挑戦する松岡修造、伊達公子など日本のプレイヤーたちと世界のツアーを回ってきた。錦織圭のご両親と親しくさせてもらい、世界のNo.1を目指す錦織圭を応援している。
ITWA（国際テニス記者協会）会員。Tennis Hall of Fame（アメリカ、ボストンにある国際テニス殿堂）選考委員。

ブログ www.tennisgolfski.com
この本の感想など受け付けています。
2012年から2014年までの錦織圭の記事は
http://tennis.jp/news/archives/category/tennisjapan

取材協力（順不同、敬称略）
　　IMG Olivier R. van Lindonk
　　IMG　坂井秀行
　　錦織清志・錦織恵理
　　盛田正明
　　松岡修造

写真協力（順不同、敬称略）
　　佐藤ひろし
　　伊藤功巳
　　鯉沼宣之
　　Ron Angle
※国内大会写真／伊藤功巳・鯉沼宣之・塚越亘

企画協力　吉村千津子
装丁　　　杉田光明
編集統括　野田恵子（廣済堂出版）

錦織圭　さらなる高みへ

2015年5月15日　第1版　第1刷

著者　　塚越亘
発行者　清田順稔
発行所　株式会社　廣済堂出版
　　　　〒104-0061　東京都中央区銀座3-7-6
　　　　電話　03-6703-0964（編集）
　　　　　　　03-6703-0962（販売）
　　　　Fax　03-6703-0963（販売）
振替　　00180-0-164137
URL　　http://www.kosaido-pub.co.jp
印刷・製本　株式会社　廣済堂
ISBN978-4-331-51934-9　C0075

定価はカバーに表示してあります。
落丁・乱丁本はお取替えいたします。